1. Auflage 1988
ISBN 3-924678-08-1

Herausgeber: Gaston Lenôtre
Konzeption: Jo van den Berg, Adolf Andersen
Rezepte:
Adolf Andersen, Bernd Heinemann
Fotografische Realisation:
Jo van den Berg, Julia Carole van den Berg, Gudrun Drews,
Tjaard M. Spiering, Frank Wieder
Grafische Gestaltung: Dietmar Roosen, Aydin Yalcin
Redaktion: Elsbeth Brune,
Ulrich Isringhausen, Martina Kähler, Arne Kraeft
Backstudio:
Arne Kraeft, Roland Geiselmann, Ursula Stiller
Herstellung: Hans Werner Jung
Lithografie: Kruse Reproduktionen, Vreden
Satz: Typografika, Bielefeld
Druck: Bentrup Druck, Bielefeld
Bindung: Paderborner Druckcentrum, Paderborn

Verlag Zabert Sandmann GmbH
Patthorster Straße 127
4803 Steinhagen
Tel. 0 52 04 / 33 83
Telex 937 858 vzasa d
Telefax 0 52 04 / 8 03 31

Dieses Buch erscheint im Rahmen der ZDF-Serie
"Festliches Backen" im Magazin "ML Mona Lisa", die
in Zusammenarbeit mit der CMA –
Centrale Marketinggesellschaft der deutschen Agrarwirtschaft
und der Montanamedia GmbH produziert wurde.

CIP-Titelaufnahme der Deutschen Bibliothek
Andersen, Adolf: Festliches Backen: d. Kunst d. Konditoren/
(Rezept-Autoren: Adolf Andersen, Bernd Heinemann).
Fotos von Jo van den Berg. (Hrsg.: Gaston Lenôtre).
– 1. Aufl. – Steinhagen: Zabert Sandmann, 1988
ISBN 3-924678-08-1
NE: Andersen, Adolf; Berg, Jo van den (Ill.); HST

FESTLICHES BACKEN

Die Kunst der Konditoren

ZABERT SANDMANN

Keine kulinarische Kunst ist derart individualistisch wie die süße — wenn sie richtig betrieben wird. Und das glaubten seit eh nur die Meister der südlichen Schule für sich in Anspruch nehmen zu können. Dem Norden, so waren die Zuckerbäcker, Patissiers und Konditoren aus Venedig, Zürich und Wien überzeugt, fehlt die notwendige Sensibilität.
Es ist aber nicht zu übersehen, daß sich auch die Welt von Mehl und Eierschaum in den letzten Jahren verändert hat. Adolf Andersen aus Hamburg und Bernd Heinemann aus Düsseldorf haben uns gezeigt, daß der Phantasie kunstbeflissener Konditoren keine Grenzen gesetzt sind. Beide haben die Landkarte der Tortenkultur erweitert und parallel zum neuen deutschen Küchenwunder den Weg zum neuen deutschen Kuchenwunder bereitet.

Ihre Rezepte, ihre Ideen vorzustellen, ist mir deshalb eine große Freude. Dieses Buch wird Sie in die Geheimnisse zweier erfolgreicher Individualisten einführen — in die Geheimnisse ihres festlichen Backens.

Gaston Lenôtre

Festliches Backen – das sind die süßen Träume zu Ostern und Weihnachten, zum Geburtstag, zur Hochzeit und vielen, vielen anderen Gelegenheiten. Für diese besonderen Anlässe haben schon vor Jahren unsere Väter, beide anerkannte Konditorenmeister, die köstlichsten Torten und Kuchen geschaffen. Und wir haben oft voller Faszination neben dem Ofen gestanden, in ungeduldiger Erwartung, was denn darin entstehen würde.
Damals bereits wurde der Wunsch geweckt, dies einmal nachvollziehen und uns an eigenen Kreationen versuchen zu können. Vieles haben wir von den Vätern übernommen und einiges bei den Großen unseres Faches erfahren. Einer dieser berühmten Lehrmeister und Ideengeber war Gaston Lenôtre. Mit ihm entstanden dieses Buch und die Fernsehsendung – für uns eine besondere Herausforderung.
Von den vielen guten Rezepten, die in über 30 Berufsjahren entstanden sind, haben wir die schönsten und besten für Sie ausgewählt: Traditionelle und neue Schöpfungen, klassisch edle und modernisierte. So ist ein Backbuch entstanden, daß die gute alte Tradition des Backens auf köstliche Art und Weise mit dem Trend des zeitgemäßen, leichteren Backens verbindet. Und alle Rezepte sind so abgestimmt, daß sie auch garantiert gelingen. Sie sollten sich dabei nur genau an die Mengenangaben halten. Die Formen und krönenden Dekorationen können Sie auch ganz nach Ihrer eigenen Phantasie gestalten.
Allen, die bei der Realisierung dieses Buches geholfen haben, möchten wir Dank sagen. Und Ihnen wünschen wir viel Spaß bei der Auswahl und viel Freude und Erfolg beim "Festlichen Backen".

Adolf Andersen **Bernd Heinemann**

DER INHALT

CREME- UND DESSER

TORTEN

MANDEL-SCHOKO-MOUSSE-TORTE

Springform: 18 cm Ø

Mandel-Baiser-Böden:

160 g fein gemahlene Mandeln
3 Eiweiß (100 g)
170 g Zucker

Mousse:

160 ml Sahne
90 ml Milch
360 g Halbbitterkuvertüre
40 g Butter
5 Eiweiß (150 g)
3 EL Zucker (45 g)

Garnierung:

6 EL gehackte, geröstete Mandeln (60 g)
2 EL gestiftelte, geröstete Mandeln (20 g)

1. Fein gemahlene Mandeln in einer Pfanne kurz hellbraun rösten. Abkühlen lassen.
2. Eiweiß und Zucker zu festem, aber nicht flockigem Schnee aufschlagen.
3. Die Mandeln vorsichtig unterheben.
4. Die Masse in einen Spritzbeutel mit Lochtülle Nr. 16 füllen.
5. Ein Backblech mit Backpapier belegen und 2 Böden (Durchmesser 18 cm) spiralförmig aufdressieren.
6. Die Böden bei 100 Grad 3 Stunden im Ofen trocknen lassen.
7. Für die Mousse die Sahne und die Milch aufkochen, vom Herd nehmen, gehackte Kuvertüre und Butter darin schmelzen.
8. Das Eiweiß und den Zucker im Wasserbad warm aufschlagen (ca. 40 Grad), herausnehmen und zu cremigem Schnee schlagen.
9. Das Eiweiß vorsichtig mit einem Schneebesen unter die Mousse heben und die Masse etwas anziehen lassen.
10. Einen Baiserboden in einen Springformrand legen. Gegebenenfalls etwas zurechtschneiden.
11. Gut ¾ der Mousse daraufgeben, glattstreichen und etwa 2-3 Stunden kalt stellen.
12. Die Torte mit einem geraden, erhitzten Messer vom Rand lösen, den Springformrand öffnen und vorsichtig abziehen.
13. Den zweiten Boden (ebenfalls zurechtgeschnitten) auflegen, mit der restlichen Mousse einstreichen und mit den Mandeln verzieren. Die Torte noch einmal 1-2 Stunden kühl stellen.

Tip: Zum Servieren die Torte mit einem elektrischen Messer in Stücke teilen oder mit einem scharfen Sägemesser die Baiserböden vorsichtig durchschneiden.

Konditoren sind die besseren Komponisten. Mozart soll dies einmal gesagt haben. Unser Beweis steckt hier auf der Gabel: Eine Ouverture, bei der die Mousse den Ton bestimmt.

RUM-ARRAK-CREMETORTE

Springform: 28 cm Ø

Böden:

220 g Marzipanrohmasse
2 EL Wasser (30 ml)
6 Eigelb (110 g)
1 TL Zimt (2 g)
3 Eiweiß (180 g)
65 g Zucker
50 g Mehl Type 550
60 g Kakaopulver
4 EL Biskuitbrösel (15 g)

Buttercreme:

5 Eier (250 g)
200 g Zucker
1 Prise Salz
500 g Butter
50 g Halbbitterkuvertüre
5 TL Rum (25 ml)
5 TL Arrak (25 ml)

Zum Verzieren:

30-35 Schokoladenblätter

1. Marzipan, Wasser, Eigelb und Zimt schaumig rühren.
2. Eiweiß und Zucker zu cremigem Schnee schlagen.
3. Mehl und Kakao sieben und mit den Biskuitbröseln vermischen.
4. Die Hälfte des Eischnees mit der Marzipan-Eigelbmasse angleichen. Restlichen Eischnee unterheben und das Mehl-Kakao-Bröselgemisch melieren. Hintereinander je ein Drittel der Masse in eine mit Backpapier ausgelegte Springform füllen. Im vorgeheizten Backofen bei 190 Grad 10-12 Minuten backen.
5. Böden abkühlen lassen, das Backpapier abziehen und einen Boden in einen Tortenring einpassen.
6. Aus Eiern, Zucker, Salz und Butter eine Buttercreme herstellen. Unter die eine Hälfte aufgelöste Kuvertüre und Rum rühren, unter die andere Hälfte Arrak. Je 200 g der Buttercreme zum Füllen abnehmen und den Rest mit Folie abgedeckt stehen lassen.
7. Auf den eingepaßten Tortenboden die Arrakbuttercreme geben und glattstreichen. Den zweiten Boden einpassen und darauf die Rumbuttercreme verteilen. Der letzte Boden wird mit der Unterseite nach oben aufgelegt.
8. Torte 1-2 Stunden in den Kühlschrank stellen. Danach mit einem geraden, leicht erhitzten Messer aus dem Ring lösen.
9. Die verbliebenen Buttercremes mit einem Schneebesen glattrühren. Arrakbuttercreme in einen Spritzbeutel mit Lochtülle Nr. 8 füllen; Rumbuttercreme in einen Spritzbeutel mit Lochtülle Nr. 6. Einen Teil der Rumbuttercreme zurücklassen und damit den Rand einstreichen.
10. Abwechselnd gerade Cremelinien auf die Tortenoberfläche dressieren. Die Schokoladenblätter fächerartig an den Tortenrand anlegen. Eventuell einen Tupfer übrigbehaltener Creme unter die Blätter dressieren, damit sie besser haften.

ZIMT-MANDEL-TORTE

Springform: 20 cm Ø

Sandmasse:

- *130 g Sultaninen*
- *2 TL fein gehackter kandierter Ingwer (20 g)*
- *2 EL Rum (30 ml)*
- *100 g Marzipanrohmasse*
- *7 Eigelb (130 g)*
- *2 EL Rum (30 ml)*
- *2 TL Zimt (4 g)*
- *1 Prise Salz*
- *Mark einer Vanilleschote*
- *7 Eiweiß (240 g)*
- *120 g Zucker*
- *200 g Biskuitbrösel*
- *80 g gemahlene Mandeln*
- *30 g Kakaopulver*

Zum Verzieren:

- *100 g weiße Kuvertüre*
- *50 g Aprikosenkonfitüre*

1. Die Sultaninen und den Ingwer in Rum einweichen.

2. Marzipan und Eigelb verkneten. Rum, Zimt, Salz und Vanillemark zufügen und alles schaumig rühren.

3. Eiweiß und Zucker zu cremigem Schnee aufschlagen. Ein Viertel davon unter die Marzipanmasse melieren. Den restlichen Eischnee unterheben.

4. Die Biskuitbrösel mit den Mandeln sowie dem Kakao mischen und untermengen. Danach vorsichtig die eingeweichten Früchten untermelieren.

5. Die Masse in eine gefettete Springform füllen und im vorgeheizten Ofen bei 160 Grad ca. 70 Minuten backen.

6. Die Torte auf ein Kuchengitter stürzen und auskühlen lassen.

7. Die Kuvertüre auflösen und dünn auf eine große rechteckige Platte streichen. Bei Zimmertemperatur fast fest, aber nicht hart werden lassen. Dann die Kuvertüre mit einem Metallspachtel schnell und ruckartig von der Platte schieben.

8. Die Torte aprikotieren und mit Kuvertürespänen verzieren.

SPANISCHE VANILLETORTE

Springform: 26 cm Ø

Marzipan-Sandmasse:

- *100 g Butter*
- *325 g Marzipanrohmasse*
- *8 Eigelb (140 g)*
- *Mark einer Vanilleschote*
- *1 Prise Salz*
- *8 Eiweiß (250 g)*
- *130 g Zucker*
- *130 g Mehl Type 550*

Füllung:

- *180 g gehackte Halbbitterkuvertüre*

Zum Verzieren:

- *50 g Aprikosenkonfitüre*
- *100 g Vollmilchkuvertüre*

1. Die Butter vorsichtig schmelzen und etwas abkühlen lassen.

2. Die Marzipanrohmasse mit dem Eigelb verkneten. Vanillemark und Salz zufügen und alles schaumig rühren.

3. Eiweiß und Zucker zu cremigem Schnee aufschlagen.

4. Ein Drittel davon mit der Marzipanmasse angleichen.

5. Den restlichen Eischnee melieren.

6. Das gesiebte Mehl und anschließend die flüssige Butter vorsichtig untermelieren.

7. Ein Drittel der Masse in eine gefettete Springform geben und 90 g Halbbitterkuvertüre darauf verteilen. Ein zweites Drittel der Masse einfüllen, glattstreichen und nochmals 90 g Halbbitterkuvertüre einstreuen. Mit der restlichen Masse bedecken und im vorgeheizten Ofen bei 160 Grad ca. 70-80 Minuten backen.

9. Die fertige Torte in der Springform auskühlen lassen. Erst dann stürzen, aprikotieren und garnieren.

10. Die Vollmilchkuvertüre temperieren und dünn auf eine Platte streichen. Die Kuvertüre fest, aber nicht hart werden lassen. Mit einem Metallspachtel schnell und ruckartig von der Platte schieben und die Torte damit verzieren.

INDISCHE HERRENTORTE

Springform: 26 cm Ø

Für die Form:

50 g gehackte Haselnüsse zum Ausstreuen

Marzipan-Kakao-Sandmasse:

100 g Butter
200 g Marzipanrohmasse
8 Eigelb (150 g)
1 gestr. TL Zimt (2 g)
1 Prise Salz
60 g Mehl
60 g Kakaopulver
7 Eiweiß (230 g)
180 g Zucker
230 g fein gehackter kandierter Ingwer

1. Eine Springform fetten und mit gehackten Nüssen ausstreuen.
2. Die Butter für den Teig schmelzen.
3. Marzipanrohmasse, Eigelb, Zimt und Salz schaumig rühren. Mehl und Kakao mischen und durchsieben.
4. Eiweiß und Zucker zu cremigem Schnee aufschlagen. Ein Drittel davon mit der schaumigen Marzipanmasse angleichen. Den restlichen Eischnee zusammen mit dem Mehl-Kakaogemisch untermelieren. Zum Schluß mit flüssiger Butter und Ingwer vorsichtig melieren.
5. Die Masse in die Springform füllen und im vorgeheizten Ofen bei 160 Grad ca. 60 Minuten backen.
6. In der Form abkühlen lassen und erst dann stürzen.

Tip: Die Torte schmeckt am besten, wenn sie am Vortag gebacken wurde, dann haben sich die Aromastoffe zu einem homogenen Geschmack verbunden.

VENEZIANISCHE NUSS-NOUGATTORTE

Springform: 26 cm Ø

Biskuitmasse:

8 Eigelb (140 g)
50 g Zucker
Mark einer Vanilleschote
2 Prisen Salz
6 Eiweiß (190 g)
140 g Zucker
400 g gemahlene Haselnüsse

Zum Verzieren:

60 g Vollmilchkuvertüre

Zum Überziehen:

150 g Haselnußnougat, dunkel

1. Eine Springform fetten und ausmehlen.
2. Eigelb, Zucker, Vanillemark und Salz schaumig rühren.
3. Eiweiß und Zucker zu cremigem Schnee aufschlagen. Ein Drittel davon zu der Eigelbmasse geben und angleichen. Den restlichen Eischnee zusammen mit den Nüssen vorsichtig melieren.
4. Die Masse in die Springform füllen und im vorgeheizten Ofen bei 160 Grad ca. 50-60 Minuten backen. Die Torte stürzen, aber noch in der Form auskühlen lassen.
5. Die Kuvertüre auflösen und dünn auf eine rechteckige Platte streichen. Bei Zimmertemperatur fest, aber nicht hart werden lassen. Dann mit einem Metallspachtel schnell und ruckartig von der Platte schieben.
6. Nougat für die Glasur temperieren und die Torte damit überziehen. Bevor der Überzug fest wird, die Tortenoberfläche mit einem Kammhorn in Wellenlinien profilieren und den Rand mit Kuvertürespänen verzieren.

BRAUNSCHWEIGER BAUMKUCHENTORTE

Springform: 26 cm Ø

Baumkuchenmasse:

9 Eigelb (160 g)
Mark einer Vanilleschote
½ TL Salz (2,5 g)
9 Eiweiß (300 g)
180 g Zucker
160 g Butter
70 g Sahne
80 g Mehl Type 550
80 g Weizenstärkemehl

Füllung:

80 g Nußpan (s. S. 148)

Zum Bestreichen:

300 g Nußnougat, dunkel

Zum Verzieren:

40 g gehackte Mandeln

1. Eigelb, Vanillemark und Salz schaumig rühren.
2. Eiweiß und Zucker zu cremigem Schnee aufschlagen.
3. Butter zerlassen.
4. Sahne steif schlagen.
5. Mehl und Weizenstärkemehl mischen und sieben.
6. Die Eigelbmasse unter den Eischnee melieren, dabei das Mehl-Stärkegemisch vorsichtig zugeben.
7. Die flüssige, abgekühlte Butter unterziehen.
8. Zum Schluß die Sahne unterheben.
9. Den Springformboden mit Backpapier auslegen.

Schicht für Schicht ist dem Prinzregenten Luitpold von Bayern einst ein süßes Denkmal gesetzt worden. Seitdem wurden die quergestreiften Kuchen und Torten vielfach variiert – bis hin zu diesem Meisterwerk gebackener Eleganz. Und das ist schon wieder geschichtswürdig.

10. Mit einer Winkelpalette eine dünne Teigschicht auf den Springformboden auftragen.
11. Die Teigschicht unter dem Grill hellbraun backen.
12. Die zweite Teigschicht auf die gebackene Schicht streichen und die Form wieder unter den Grill schieben.
13. Diesen Vorgang viermal wiederholen; die Hälfte der Füllung aufstreichen, dann drei weitere Schichten darauf backen.
14. Den Rest Füllung verteilen und die Teigmasse Schicht für Schicht weiterverarbeiten.
15. Den fertigen Kuchen mit einem Messer vorsichtig vom Rand lösen.
16. Auf ein Kuchengitter stürzen und mit Folie abdecken.
17. Am nächsten Tag das Backpapier abziehen.
18. Nougat temperieren (ca. 28 Grad) und die Torte damit bestreichen.
19. Die gehackten Mandeln am unteren Rand 1 cm hoch andrücken.

SACHERTORTE 1

Springform: 26 cm Ø

Sacherboden:

80 g Butter
5 Eigelb (90 g)
40 g Marzipanrohmasse
2 EL Zucker (30 g)
1 Prise Salz
5 Eiweiß (160 g)
70 g Zucker
1 EL Weizenstärke-mehl (9 g)
50 g Mehl
40 g Kakaopulver
40 g gemahlener Krokant
40 g Kuchenbrösel

Füllung 1:

100 g Johannisbeer-konfitüre

Füllung 2:

15 g Halbbitterkuvertüre
100 g Butter
50 g Puderzucker
1 Ei (57 g)

Zum Eindecken:

150 g Marzipanrohmasse
3 EL Puderzucker (30 g)

Zum Überziehen:

200 g Halbbitterkuvertüre

1. Butter schmelzen und abkühlen lassen.
2. Eigelb, Marzipanrohmasse, Zucker und Salz schaumig rühren.
3. Eiweiß und Zucker anschlagen, Weizenstärkemehl zugeben und zu festem Schnee weiterschlagen. Ein Drittel davon zu der Eigelbmasse geben und angleichen. Gesiebtes Mehl, Kakao, Krokant und Kuchenbrösel mischen. Zusammen mit dem restlichen Eischnee unterheben. Zum Schluß die flüssige Butter untermelieren.
4. Die Masse in einer gefetteten Springform im vorgeheizten Ofen bei 170 Grad 25-30 Minuten backen.
5. Den ausgekühlten Boden zweimal durchschneiden. Das untere Drittel in einen Tortenring einpassen und mit der Konfitüre bestreichen. Den zweiten Boden auflegen.
6. Für die Creme die Kuvertüre auflösen. Butter schaumig rühren. Puderzucker und Ei im Wasserbad warm aufschlagen. Herausnehmen und weiterschlagen. Buttermasse mit der Eimasse angleichen und melieren. Nach und nach Kuvertüre unterrühren. 4/5 der Creme glatt auf dem Boden verstreichen. Den letzten Boden mit der Schnittfläche nach oben einlegen, die restliche Creme aufstreichen und die Torte 1 Stunde kühl stellen.
7. Die Sachertorte aus dem Ring lösen. Marzipanrohmasse mit Puderzucker verkneten, ausrollen und die Torte damit eindecken.
8. Die Kuvertüre schmelzen und die Torte damit überziehen.

SACHERTORTE 2

Springform: 26 cm Ø

Sacherboden:

280 g Butter
80 g Zucker
1 Prise Salz
Mark einer Vanilleschote
350 g Halbbitterkuvertüre
8 Eigelb (140 g)
5 Eiweiß (180 g)
160 g Zucker
140 g Mehl

Spritzschokolade zum Überziehen:

100 g Vollmilchkuvertüre
1 EL dünnflüssiger Honig (20 g)
4 EL Kondensmilch (72 ml)

1. Butter, Zucker, Salz und das Vanillemark schaumig rühren.
2. Die Kuvertüre auflösen.
3. Eigelb und die abgekühlte Kuvertüre unter die Buttermasse rühren.
4. Eiweiß und Zucker zu cremigem Schnee aufschlagen; ein Drittel davon zu der Buttermasse geben und angleichen. Den restlichen Eischnee zusammen mit dem gesiebten Mehl kräftig melieren.
5. Die Masse in eine gefettete Springform füllen und im vorgeheizten Ofen bei 170 Grad ca. 75 Minuten backen. In der Form auskühlen lassen, stürzen und über Nacht abgedeckt stehen lassen.
6. Oberseite begradigen.
7. Für die Spritzschokolade zum Überziehen die Vollmilchkuvertüre temperieren, den leicht erwärmten Honig und die Kondensmilch (Zimmertemperatur) zugeben und zu einer glatten Masse verrühren. Spritzschokolade auf die Torte gießen und mit einer Palette gleichmäßig verteilen.
8. Die bei der Begradigung des Bodens angefallenen Kuchenreste durch ein grobes Sieb geben und an den Tortenrand drücken.

SACHERTORTE 3

Springform: 26 cm Ø

Sacherboden:

160 g Halbbitterkuvertüre
160 g Butter
40 g Zucker
1 Prise Salz
Mark einer ½ Vanilleschote
6 Eigelb (100 g)
5 Eiweiß (180 g)
120 g Zucker
160 g Mehl Type 550

Spritzschokolade zum Überziehen:

100 g Halbbitterkuvertüre
1 EL dünnflüssiger Honig (20 g)
4 EL Kondensmilch (72 ml)

1. Den Boden einer Springform mit Backpapier auslegen.
2. Die Kuvertüre auflösen.
3. Butter, Zucker, Salz und Vanillemark schaumig rühren.
4. Eigelb und die leicht abgekühlte Kuvertüre nach und nach unterrühren.
5. Eiweiß und Zucker zu cremigem Schnee aufschlagen. Ein Drittel davon zur Buttermasse geben und angleichen.
6. Den restlichen Eischnee zusammen mit dem gesiebten Mehl untermelieren.
7. Die Masse in die Springform füllen und im vorgeheizten Ofen bei 170 Grad ca. 50 Minuten backen.
8. Nach dem Backen die Torte auf ein mit Backpapier belegtes Blech stürzen.
9. Die Kuvertüre temperieren, mit Honig und Kondensmilch verrühren und die Torte damit überziehen. Danach sofort in Stücke teilen.

Tip: Als Garnierung etwas weiße Kuvertüre temperieren, in eine gedrehte Pergamentspritztüte füllen und jedes Stück mit einem "S" verzieren.

SACHERTORTE 4

Springform: 26 cm Ø

Sacherboden:

165 g Halbbitterkuvertüre
110 g Mehl Type 550
4 EL Puderzucker (40 g)
165 g Butter
8 Eigelb (140 g)
7 Eiweiß (220 g)
130 g Zucker
3 EL gehackte Mandeln (30 g)

Füllung:

100 g Aprikosenkonfitüre

Vollmilchspritzschokolade zum Überziehen:

100 g Vollmilchkuvertüre
1 EL dünnflüssiger Honig (20 g)
4 EL Kondensmilch (72 ml)

1. Kuvertüre im Wasserbad auflösen. Mehl und Puderzucker getrennt sieben.
2. Wachsweiche Butter und Eigelb schaumig schlagen. Nach und nach Puderzucker einrieseln lassen. Kuvertüre vorsichtig melieren.
3. Eiweiß und Zucker zu cremigem Schnee aufschlagen. Ein Drittel davon zu der Buttermasse geben und angleichen. Den restlichen Eischnee zusammen mit Mehl und Mandeln unterheben.
4. Die Masse in eine gefettete Springform füllen und im vorgeheizten Ofen bei 170 Grad ca. 90 Minuten backen. In der Form auskühlen lassen.
5. Boden aus der Form lösen und die Oberseite begradigen. Boden in der Mitte durchschneiden. Die untere Hälfte mit Aprikosenkonfitüre bestreichen und den oberen Boden wieder aufsetzen.
6. Für die Spritzschokolade die Kuvertüre temperieren, mit leicht erwärmtem Honig und Kondensmilch (Zimmertemperatur) verrühren und die Torte damit überziehen.
7. Die bei der Begradigung des Bodens angefallenen und durch ein Sieb gedrückten Sacherbodenreste an den Tortenrand drücken.

MONTEGO-ROULADE

IN 3 VARIATIONEN

Biskuitmasse:

50 g Mehl Type 550
40 g Kakaopulver
50 g Halbbitterkuvertüre
6 Eiweiß (210 g)
175 g Zucker

1. Mehl und Kakao mischen und sieben.
2. Die Kuvertüre auflösen.
3. Das Eiweiß im Wasserbad lauwarm anschlagen, herausnehmen und weiterschlagen. Dabei den Zucker einrieseln lassen.
4. Die Kuvertüre unter das Eiweiß melieren; danach das Mehl-Kakaogemisch unterheben. Die Masse auf einem mit Backpapier ausgelegten Blech verstreichen (ca. 25 x 30 cm).
5. Im vorgeheizten Ofen bei 160 Grad 14-17 Minuten backen.
6. Die Biskuitplatte auf ein mit Zucker bestreutes Küchentuch stürzen. Das Backpapier mit kaltem Wasser einpinseln und vorsichtig abziehen. Die Roulade mit dem Küchentuch aufrollen und auskühlen lassen. Die erkaltete Roulade abrollen und füllen. In ca. 4-5 cm dicke schräge Scheiben schneiden und servieren.
Ergibt ca. 6 Scheiben.

SCHWARZWÄLDER KIRSCH-BUTTERCREME

500 g Buttercreme (s. S. 148)
3 EL Kirschwasser (45 ml)
150 g Kirschkonfitüre mit ganzen Kirschen

1. Die Buttercreme mit dem Kirschwasser verrühren und gut durchkühlen lassen.
2. Die Montego-Roulade mit der Kirschkonfitüre bestreichen.
3. Die Buttercreme darauf verteilen und die Roulade aufrollen.

SCHOKO-BUTTERCREME

70 g Halbbitterkuvertüre
500 g Buttercreme (s. S. 148)
60 ml Rum

1. Die Kuvertüre auflösen und unter die Buttercreme heben; danach den Rum einrühren. Kalt stellen.
2. Anschließend die Creme auf der Rouladenkapsel verteilen und diese aufrollen.

MANGO-BUTTERCREME

2 nicht zu reife Mangos
500 g Buttercreme (s. S. 148)

1. Eine Mango schälen, vom Kern befreien, pürieren und durch ein nicht zu feines Sieb streichen. Das Püree mit der Buttercreme verrühren und gut durchkühlen lassen.
2. Die zweite Mango schälen, in sehr dünne Streifen schneiden und auf der Biskuitplatte verteilen. Darauf die Buttercreme streichen und die Montego-Roulade aufrollen.

CARACAS-TORTE

Manche Künstler, und da besonders die bildenden, stellen ihre Werke als "Objekte" aus. Aber die sind ja auch zum Anschauen gedacht. Dieses Objekt hier kennt keine Berührungsängste. Da vereinen sich unter der Marzipandecke Krokant und Kuchenbrösel, Eierschaum und Vanillemark zur Vernissage im Backofen.

Springform: 26 cm Ø

Caracasböden:

60 g Butter
60 g Mehl Type 550
60 g Krokant
60 g Kuchenbrösel
7 Eigelb (125 g)
70 g Marzipanrohmasse
40 g Zucker
1 Prise Salz
7 Eiweiß (250 g)
150 g Zucker

Buttercreme:

300 g Butter
120 g Zucker
Mark einer Vanilleschote
3 Eier (150 g)
4 EL Grand Marnier (60 ml)

Marzipandecke:

220 g Marzipanrohmasse
80 g Puderzucker

Spritzschokolade zum Überziehen:

100 g Halbbitterkuvertüre
1 EL dünnflüssiger Honig (20 g)
4 EL Kondensmilch (72 ml)

1. Die Butter vorsichtig schmelzen.
2. Das gesiebte Mehl mit Krokant und Kuchenbröseln mischen.
3. Eigelb, Marzipanrohmasse, Zucker und Salz schaumig rühren.
4. Eiweiß und Zucker zu cremigem Schnee aufschlagen. Ein Drittel davon unter die Eigelbmasse heben und angleichen.
5. Den restlichen Schnee zusammen mit dem Mehlgemisch untermelieren.
6. Vorsichtig die Butter unterheben. Langes Rühren vermeiden.
7. Aus der fertigen Masse vier Böden backen. Dafür jeweils ein Viertel der Masse in einer mit Backpapier ausgelegten Springform verstreichen und im vorgeheizten Ofen bei 170 Grad ca. 12-15 Minuten backen.
8. Die fertigen Böden auf ein Kuchengitter stürzen. Auskühlen lassen und vorsichtig das Backpapier abziehen.
9. Für die Creme die lauwarme Butter mit 60 g des Zuckers und dem Vanillemark schaumig rühren.
10. Die Eier im warmen Wasserbad schaumig schlagen, bis die Masse Körpertemperatur erreicht hat. Herausnehmen und weiter schaumig schlagen, dabei den restlichen Zucker einrieseln lassen.
11. Ein Drittel der Eimasse unter die schaumige Butter mengen und angleichen. Den Rest der Eimasse kräftig untermelieren.
12. 250 g der Buttercreme abnehmen und mit dem Likör verrühren.
13. Den ersten abgekühlten Boden in einen Tortenring einpassen und ein Drittel der Grand-Marnier-Buttercreme darauf verstreichen. Mit dem 2. und 3. Boden ebenso verfahren. Der 4. Boden wird mit der geraden Unterseite nach oben auf die letzte Cremeschicht gelegt.
14. Den Tortenring mit einem geraden Messer lösen und abheben. Oberseite und Rand der Torte mit der restlichen Creme einstreichen.
15. Für die Marzipandekke die Marzipanrohmasse mit dem Puderzucker verkneten und zwischen Folie ausrollen. Die Marzipandecke soll ca. 1 mm dick und etwa 5-6 cm größer als die Torte sein. Den Marzipanmantel vorsichtig auf die Torte stürzen und rundum andrücken. Am unteren Tortenrand glatt abschneiden.
16. Für die Spritzschokolade die Kuvertüre temperieren. Den leicht erwärmten Honig und die Kondensmilch (Zimmertemperatur) zugeben und alles zu einer glatten Masse verrühren.
17. Die Spritzschokolade (S. 22) bereiten, auf die Torte gießen und mit einer Palette gleichmäßig verteilen.
18. Die Torte wird später mit einem angewärmten langen Messer angeschnitten.

TRÜFFEL-LUKULL-CREMETORTE

Trüffelmasse:

300 ml Sahne
100 g Zucker
150 g Butter
200 g Halbbitterkuvertüre
50 ml Weinbrand

Boden:

einen Sacherboden mit 26 cm Ø (s. Sachertorte 1 S. 21)

Buttercreme:

300 g Buttercreme (s. S. 148)

Spritzschokolade zum Verzieren:

50 g Vollmilchkuvertüre
1 TL dünnflüssiger Honig (6 g)
1 EL Kondensmilch (18 ml)

Zum Verzieren:

geröstete, gehobelte Mandeln

1. Für die Trüffelmasse am Vortag die Sahne mit dem Zucker aufkochen; die Butter darin schmelzen und alles auf ca. 60 Grad erkalten lassen. Die Kuvertüre grob hacken, in die Sahne geben und rühren, bis sie völlig geschmolzen ist. Den Weinbrand untermengen und die Masse kalt stellen.
2. Einen Sacherboden 1 herstellen (s. S. 21), in der Mitte quer durchschneiden und eine Hälfte in einen Tortenring einpassen.
3. Die Buttercreme in einen Spritzbeutel füllen und mit einer großen Lochtülle drei Kreise um den Mittelpunkt des Bodens dressieren. Kalt stellen.

4. Die erkaltete Trüffelmasse vorsichtig aufschlagen, in den Tortenring füllen und mit einer Winkelpalette oder Teigkarte glattstreichen. Um der Trüffelmasse Stand zu geben, muß die Torte für 3-4 Stunden durchkühlen.

5. Danach den Tortenring mit einem erhitzten geraden Messer lösen und abheben. Eventuell den Tortenrand mit einer erwärmten Palette glätten.

6. Für die Spritzschokolade wird die Kuvertüre im Wasserbad aufgelöst. Den leicht erwärmten Honig und die Kondensmilch (Zimmertemperatur) zugeben und alles zu einer glatten Masse verrühren. Die Menge der Kondensmilch ist variabel. Hauptsache ist, daß die Spritzschokolade nicht zu flüssig wird.

7. Die Masse in eine Pergamentspritztüte füllen, eine winzige Spitze abschneiden und ein feinmaschiges Gitter auf die Torte dressieren.

8. Nach Belieben können mit einem kleinen Messer Splitter von gerösteten, gehobelten Mandeln an den oberen Rand der Torte angelegt werden.

Tip: Die zweite Hälfte des Sacherbodens kann man einfrieren und für eine andere Gelegenheit aufbewahren. Er kann auch zu Kuchenbröseln verarbeitet werden, die für viele Rezepte nötig sind, oder er wird der Boden einer Torte nach eigener Kreation.

VANILLESCHNITTE

Für 20 Stück

Blätterteigböden:

375 g Süßrahmbutter
375 g Mehl Type 550
200 ml Wasser
1 Prise Salz

Vanillecreme:

800 ml Milch
300 ml Sahne
160 g Zucker
1 Prise Salz
1½ Vanilleschoten
200 ml Milch
80 g Weizenstärkemehl
4 Eigelb (80 g)

Glasur:

50 g Aprikosenkonfitüre
70 g Fondant
1 EL Butter (10 g)
etwas Wasser oder Rum

1. Zutaten für die Blätterteigböden vermengen, in drei Teile teilen und daraus drei Blätterteigböden herstellen (s. S. 149).
2. Die drei gleich großen Teige auf 32 x 26 cm ausrollen, auf Backpapier legen und ca. 2-3 Stunden kühl ruhen lassen.
3. Die Böden auf dem Blech im vorgeheizten Ofen bei 240 Grad 5 Minuten anbacken. Danach den Ofen auf 190 Grad herunterschalten und die Böden solange backen, bis sie eine schöne braune Farbe erhalten.
4. Milch, Sahne, Zucker, Salz und die aufgeschnittene Vanillestange aufkochen.
5. Wenn die Milch ca. 60-70 Grad erreicht hat, die Vanilleschoten herausnehmen, das Mark herausschaben und zurück in die Milch geben.
6. Milch, Stärkemehl und Eigelb glattrühren und in die Milch geben. Sofort mit einem Schneebesen verrühren, den Topf dabei von der Herdplatte nehmen.
7. Unter Rühren die Creme noch einmal erhitzen und zur Rose abziehen.
8. Die fertigen Böden auf 24 x 30 cm zurechtschneiden. Um den ersten Boden einen Metallrahmen stellen und die Hälfte der noch heißen Creme darauf verstreichen.
9. Wenn die Creme erkaltet ist, den zweiten Boden auflegen und leicht, aber gleichmäßig andrücken. Restliche Creme darauf verteilen.
10. Sobald die Creme erkaltet ist, den dritten Boden, mit der Unterseite nach oben, auflegen.
11. Die Aprikosenkonfitüre aufkochen und mit einem Pinsel den oberen Blätterteig damit bestreichen.
½ Stunde erhärten lassen. Für die Glasur Fondant und Butter erwärmen, mit Wasser oder Rum streichfähig verdünnen und mit einer Winkelpalette auf der Vanilleschnitte verteilen. Erkalten lassen.
12. Mit einem geraden, feuchten Messer die Schnitte aus dem Rahmen lösen und mit einem großen Sägemesser in 20 gleich große Stücke schneiden.

Tip: Für dieses Rezept können Sie auch fertigen, tiefgekühlten Blätterteig verwenden.

SENATORENTORTE

Springform: 26 cm Ø

Canachecreme:

300 ml Sahne
100 g Butter
200 g Zuckor
2 Eigelb (40 g)
200 g gehackte Halbbitterkuvertüre
70 ml frisch gepreßter Zitronensaft

Caracasboden:

3 EL Butter (30 g)
3 EL Mehl Type 550 (30 g)
30 g Krokant
30 g Kuchenbrösel
3 Eigelb (60 g)
35 g Marzipanrohmasse
4 TL Zucker (20 g)
1 Prise Salz
4 Eiweiß (125 g)
75 g Zucker

Zum Einlegen:

1 rundes Stück Sacherboden von 7 cm Durchmesser und knapp 4 cm Höhe (s. S. 21, Sachertorte 2)
300 g Baumkuchenstücke

Zum Eindecken:

150 g Marzipanrohmasse
3 EL Puderzucker (30 g)

Zum Bestreichen des Bodens:

75 g Halbbitterkuvertüre

Zum Überziehen:

225 g Vollmilchkuvertüre

Zum Verzieren:

1 Ei (57 g)
50 g Puderzucker
100 g Butter
15 g Halbbitterkuvertüre
16 Mandelblättchen

Ein Dialog in C-Dur. Die Canachecreme braucht, wenn sie zur vollen Höhe ihres besonderen Wohlgeschmacks aufschwingen soll, ein Sprungbrett. Zum Beispiel ein mit Marzipan und Krokant verfeinertes – den Caracasboden. Das Ergebnis dieser glücklichen Liaison ist den Volksvertretern gewidmet.

1. Für die Canachecreme am Vortag Sahne, Butter und Zucker aufkochen. Eigelb mit einem Teil davon angleichen, zurück in die Masse geben und alles zur Rose abziehen. Die gehackte Kuvertüre in der Creme auflösen. Zum Schluß den Zitronensaft unterrühren, kalt stellen.
2. Die Butter schmelzen und abkühlen lassen.
3. Mehl sieben und mit Krokant und Kuchenbröseln mischen.
4. Eigelb, Marzipanrohmasse, Zucker und Salz schaumig rühren.
5. Eiweiß und Zucker zu cremigem Schnee aufschlagen. Ein Drittel davon unter die Eigelbmasse heben und angleichen; danach den Rest der Eigelbmasse und das Mehl-Krokant-Bröselgemisch untermelieren. Die Butter vorsichtig unterheben. Nicht lange rühren!
6. Die Masse in eine Springform füllen und im vorgeheizten Ofen bei 170 Grad 12-15 Minuten backen; auf ein Kuchengitter stürzen und auskühlen lassen.
7. Den Caracasboden in einen Tortenring einpassen.
Die Canachecreme mit der Küchenmaschine aufschlagen. Ein Viertel davon auf den Caracasboden streichen. Das Stück Sacherboden in die Mitte der Torte legen. Die Baumkuchenstücke kreisförmig darumlegen (Abstand zum äußeren Rand: 2-3 cm). Den Tortenring mit der restlichen Creme auffüllen. Die Torte mehrmals anheben und auftippen lassen, so bleiben keine Freiräume zwischen den eingelegten Stücken. Nun die Oberfläche glattstreichen und die Torte für 2-3 Stunden in den Kühlschrank stellen.
8. Den Tortenring lösen. Marzipan mit Puderzucker verkneten, ausrollen und die Torte damit eindecken.
9. Die Torte auf eine Tortenscheibe stürzen und ihre Unterseite mit aufgelöster Halbbitterkuvertüre einstreichen. Ist die Kuvertüre angezogen, die Torte auf ein Kuchengitter stürzen und ein Stück Folie unterlegen.
10. Die Vollmilchkuvertüre temperieren und die Senatorentorte damit überziehen.
11. Wenn die Kuvertüre anzieht, die Torte auf eine Tortenplatte setzen und mit einem erhitzten Messer in 16 Stücke teilen. Dabei das Messer für jeden Schnitt säubern und neu erwärmen.
12. Zum Verzieren das Ei mit Puderzucker im warmen Wasserbad aufschlagen. Herausnehmen und weiterschlagen. Dann die Butter schaumig rühren, mit der Eimasse angleichen und melieren. Die Kuvertüre auflösen und unterziehen. Die Creme in einen Spritzbeutel mit Sterntülle füllen und auf jedes Tortenstück einen Tupfer dressieren. In jeden Tupfer ein Mandelblättchen stecken.

FLACHER ZITRONENKUCHEN

Die Verführung – die Seele der Süße – gelingt doch immer wieder. Wie der paradiesische Apfel gezeigt hat, genügen dazu oft einfache Mittel. Allerdings: Raffinesse muß sein. Hier ist es die Zitronencreme, die den Mürbeteigboden anlockt und ausgefüllt hat.

Springform: 28 cm Ø

Mürbeteig:

200 g Mehl Type 550
150 g Butter
80 g Zucker
1 Prise Salz
1 Ei (75 g)

Füllung:

3 Eier (170 g)
150 g Zucker
abgeriebene Schale von 2 unbehandelten Zitronen
Saft von 2 Zitronen
150 g Süßrahmbutter

1. Das Mehl, die kalte Butter (in Flöckchen), den Zucker und das Salz schnell zu einem Teig verkneten.
2. Danach das Ei einarbeiten.
3. Den Teig zu einer Kugel formen und 45 Minuten kalt stellen.
4. Den Teig durchwalken und nochmals 30 Minuten kalt stellen.
5. Den Springformboden einfetten, den Teig 2 mm dünn darauf ausrollen. Überstehenden Teigrand glatt abschneiden.
6. Den Springformrand um den Boden legen und bis zu 2 cm Höhe einfetten.
7. Aus dem restlichen Teig eine Rolle formen, in die Form legen und zu einem 2 cm hohen Rand andrükken.
8. Für die Füllung die Eier mit dem Zucker gut verrühren, Zitronenschale hinzufügen.
9. Zitronensaft durch ein feines Sieb geben und zu der Creme gießen.
10. Die Butter vorsichtig schmelzen und lauwarm in die Creme einrühren.
11. Die flüssige Masse auf den Teig geben.
12. Im vorgeheizten Backofen bei 175 Grad ca. 30-35 Minuten backen.
13. Damit der Kuchen nicht zu dunkel wird, eventuell vor Beendigung der Backzeit mit Alufolie abdecken.

Tip: Unbedingt Süßrahmbutter verwenden, Sauerrahmbutter flockt bei der Verarbeitung mit Zitronensaft aus.

ST.-HONORE-TORTE

Blätterteigboden: 24 cm Ø

Boden:

250 g Blätterteig
siehe Rezept Seite 149
oder tiefgekühlter
Blätterteig

Brandmasse:

50 ml Milch
1½ EL Butter (15 g)
50 g Mehl Type 550
1 Ei (70 g)
1 EL unbehandelte, geriebene Zitronenschale
2 Prisen Salz

Zum Karamelisieren:

50 g Aprikosenkonfitüre
2 EL Puderzucker (20 g)
etwas Hagelzucker zum Aufstreuen

Creme:

100 ml Milch
100 ml Sahne
50 g Zucker
1 Prise Salz
30 g Kartoffelstärkemehl
50 ml Milch
3 EL Mehl Type 550 (30 g)
1 Ei (60 g)
1 Blatt Gelatine
Mark einer Vanilleschote
50 g Butter
200 ml Sahne

1. Den Blätterteig auf 25 x 25 cm ausrollen. Auf ein nasses Backblech legen und mehrmals mit einer Gabel einstechen. Im vorgeheizten Ofen bei 190 Grad 10-15 Minuten backen. Nach dem Backen einen Boden von 24 cm Durchmesser ausschneiden.

2. Für die Windbeutel Milch und Butter aufkochen. Das Mehl unter Rühren dazugeben und abrösten, bis sich die Masse vom Topfrand löst. Den Topf vom Herd nehmen und nach und nach das verquirlte Ei, die Zitronenschale sowie das Salz unterkneten. Die Brandmasse zum Auskühlen auf eine Marmorplatte streichen. Die kalte Masse in einen Spritzbeutel mit großer Lochtülle geben und 20 kleine Windbeutel auf ein mit Backpapier ausgelegtes Blech dressieren. Im vorgeheizten Ofen bei 240 Grad ca. 5 Minuten backen. Wenn möglich, unter Dampf backen oder eine Schale mit Wasser in den Ofen stellen.

3. Die abgekühlten Windbeutel werden mit etwas Aprikosenkonfitüre auf den äußeren Rand des Blätterteigbodens gesetzt. Puderzucker über die Windbeutel sieben und unter dem Grill im Backofen karamelisieren lassen. Vorsicht, wenn der Puderzucker geschmolzen ist, wird er sehr schnell braun! Anschließend etwas Hagelzucker auf die Windbeutel streuen.

4. Für die Creme Milch, Sahne, Zucker und Salz aufkochen. Kartoffelstärke mit Milch anrühren und die Sahnemilch damit abbinden. Das Mehl unter Rühren dazugeben und abrösten, bis sich die Masse vom Topfrand löst. Den Kloß in eine Schüssel geben und etwas abkühlen lassen. Dann das Ei, die aufgelöste Gelatine und das Vanillemark mit den Knethaken des Handrührgerätes untermengen. Die weiche Butter schaumig rühren und mit der erkalteten, kurz aufgeschlagenen Brandmasse mischen. Die steif geschlagene Sahne unterheben und die Creme ca. 2 Stunden kalt stellen.

5. Zwei Drittel der Creme kegelförmig in die Tortenmitte streichen. Mit dem Rest der Masse geschlungene Wellenlinien (s. Foto) auf die Torte dressieren. Hierfür einen Spritzbeutel mit großer Sterntülle verwenden.

TIPS & TRICKS

SCHNEIDEN EINES GERADEN TORTENBODENS

1. Wichtig für das gleichmäßige Durchschneiden eines Bodens ist eine gerade Messerführung. Wer darin nicht so geübt ist, legt hinter den Boden eine Leiste und führt daran entlang ein genügend langes Messer durch den Boden. Die andere Hand hält den Boden leicht von oben fest.

2. Eine zweite Möglichkeit ist das Boden-Schneide-Gerät. Der Metallfaden ist in der Höhe beliebig verstellbar. Man zieht das Gerät in einer engen Zickzacklinie vorsichtig zu sich heran und hält den Boden von oben fest.

EINPASSEN EINES TORTENBODENS IN EINEN KLEINEREN RING

1. Wenn eine Torte gefüllt werden soll, muß der Tortenboden paßgenau in einen Tortenring oder einen Springformrand eingesetzt werden; nur so läßt es sich vermeiden, daß die Füllung an der Seite vorbeiläuft. Man legt den Boden von oben so ein, daß eine Kante fest am Rand liegt. Durch Drücken, Ziehen und Schieben des Bodens bringt man ihn paßgenau in den Ring.

BEGRADIGEN EINES UNGEFÜLLTEN TORTENBODENS

1. Torten ohne Marzipandecke, die mit Kuvertüre oder Spritzschokolade überzogen werden sollen, mussen vorher auf der Oberseite und eventuell auch am Rand geradegeschnitten werden.

2. Die anfallenden Reste werden durch ein nicht zu feines Sieb gedrückt.

3. Mit einer Teigkarte werden die Brösel an den Rand der überzogenen Torte angestreut.

TORTEN MIT MARZIPAN EINDECKEN

1. Zwei starke Klarsichtfolien auf 40x40 cm zuschneiden. Marzipan flachdrücken, zwischen die Folien legen und mit einem Rollholz auf ca. 38x38 cm ausrollen. Damit sich keine tiefen Falten ins Marzipan drücken, die Folien von Zeit zu Zeit vom Marzipan lösen und wieder glatt auflegen.

2. Die obere Folie vom Marzipan abziehen. Die untere Folie mit dem daran klebenden Marzipan so über die Torte legen, daß sie von allen Seiten gut bedeckt ist.

3. Marzipan leicht mit den Händen andrücken.

4. Mit einer Teigkarte die Oberkante begradigen, den Rand festdrücken und überstehendes Marzipan sauber abstechen.

TORTEN MIT KUVERTÜRE ODER SPRITZSCHOKOLADE ÜBERZIEHEN

1. Torte auf ein Kuchengitter setzen, unter dem eine Folie zum Auffangen der abtropfenden Kuvertüre liegt. Die temperierte Kuvertüre oder die Spritzschokolade auf die Tortenmitte gießen und mit einer Palette (mindestens 26 cm lang) oder einem geraden Messer so verstreichen, daß sie auch gleichmäßig über den Rand läuft.

2. Die noch flüssige, herunterlaufende Kuvertüre mit einer kürzeren Palette (20 cm) am Rand der Torte verstreichen. Für eventuell nachgebliebene Löcher abgetropfte Kuvertüre aufnehmen und verstreichen. Bevor der Überzug angezogen ist, die Torte auf Backpapier umsetzen.

OBST- UND LEICHTE

ORTEN

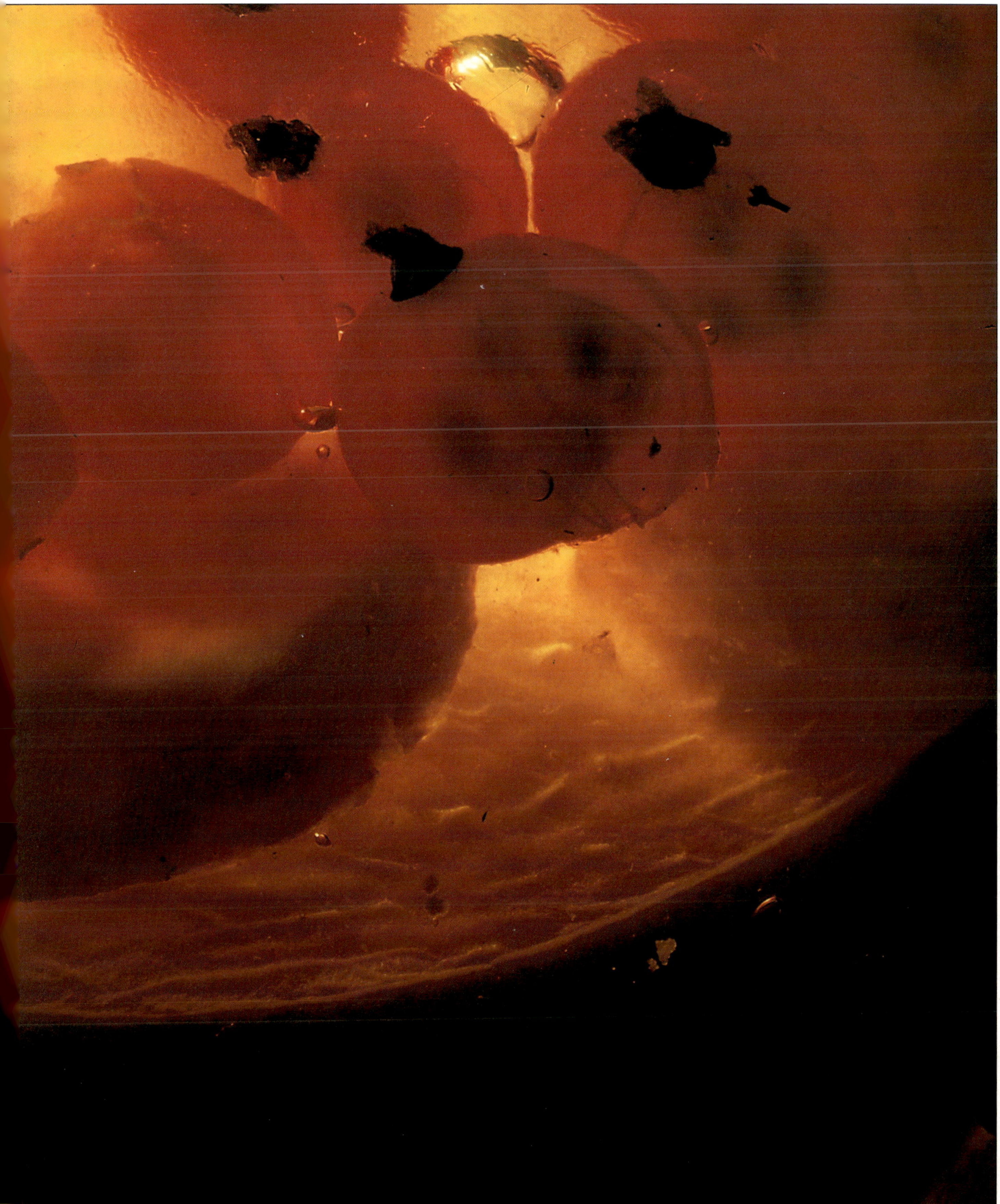

SAUERRAHMTORTE

Springform: 22 cm Ø

Hefeteig:

3 EL Milch (45 ml)
5 g Hefe
60 g Mehl Type 550
1½ EL Butter (15 g)
1 Eigelb (20 g)
1 EL Zucker (15 g)
1 Prise Salz
1 TL abgeriebene Schale einer unbehandelten Zitrone

Vanillecreme:

150 ml Milch
60 ml Sahne
2 EL Zucker (30 g)
1 Prise Salz
Mark einer ½ Vanilleschote
3 EL Milch (45 ml)
15 g Weizenstärkemehl
1 Eigelb (20 g)

Sauerrahmmasse:

200 g Sauerrahm
1 großes Ei (80 g)
2 Eigelb (40 g)
50 g weiche Butter
40 g Schichtkäse
30 g Weizenstärkemehl
1 Prise Salz
abgeriebene Schale einer ½ unbehandelten Zitrone

Guß:

120 g Butter
4 Eigelb (80 g)
60 g Zucker

1. Aus lauwarmer Milch, Hefe und einem Teil des Mehles einen Hefeansatz herstellen. 15 Minuten gehen lassen.
2. Butter, Eigelb, Zucker, Salz und Zitronenschale glattarbeiten, Hefeansatz und restliches Mehl zugeben und zu einem Hefeteig verarbeiten.
3. Den Springformboden fetten und den Hefeteig darauf verstreichen. Nochmals gehen lassen.
4. Für die Vanillecreme Milch, Sahne, Zucker, Salz und Vanillemark zum Kochen bringen.
5. Milch, Weizenstärkemehl und Eigelb glattrühren.
6. Die Milch von der Herdplatte nehmen und mit der angerührten Masse schnell verrühren.
7. Unter ständigem Rühren kurz wieder erhitzen und zur Rose abziehen. Anschließend kalt stellen.
8. Für die Sauerrahmmasse alle Zutaten glattarbeiten und die kalte, passierte Vanillecreme unterziehen.
9. Die Masse auf dem Hefeteig verteilen und im vorgeheizten Backofen bei 180 Grad ca. 35-40 Minuten backen.
10. Für den Guß die Butter schmelzen. Eigelb und Zucker glattrühren, die flüssige, nicht zu heiße Butter dazugeben.
11. Den Guß nach 25 Minuten Backzeit gleichmäßig auf dem Kuchen verteilen, weitere 10-15 Minuten backen.
12. Die ausgekühlte Torte mit einem geraden Messer aus der Form lösen.
13. Vor dem Servieren die Torte mit etwas Puderzucker besieben.

OBSTTORTE

Springform: 28 cm Ø
Springform: 26 cm Ø

Wiener Boden:

50 g Butter
100 g Mehl Type 550
110 g Weizenstärkemehl
4 Eier (250 g)
180 g Zucker
1 Prise Salz

Buttermürbeteig:

60 g Butter
3 EL Puderzucker (30 g)
1 Prise Salz
Mark einer ½ Vanilleschote
1 Eigelb (18 g)
90 g Mehl Type 550 oder 1050
50 g Vollmilchkuvertüre zum Bestreichen

Vanillecreme:

150 ml Milch
50 ml Sahne
2 EL Zucker (30 g)
Mark einer ½ Vanilleschote
1 Prise Salz
3 EL Milch (45 ml)
2 Eigelb (30 g)
2 EL Weizenstärkemehl (18 g)

Zum Bestreuen:

5 EL Biskuitbrösel (20 g)

Belag:

gemischtes Obst, z.B. Orangen, Erdbeeren, Pfirsiche, Himbeeren, Bananen, Saft einer halben Zitrone

Gelatinegelee:

9 Blatt Gelatine
200 ml Fruchtsaft oder Wein
60 g Zucker

1. Für den Wiener Boden eine Springform mit 28 cm Durchmesser mit Backpapier auslegen. Die Butter schmelzen und abkühlen lassen. Mehl und Weizenstärkemehl mischen und sieben.

2. Eier, Zucker und Salz unter Rühren im Wasserbad auf Körpertemperatur bringen, herausnehmen und weiter schaumig schlagen. Das Mehl-Stärkegemisch vorsichtig untermelieren. Zum Schluß die Butter melieren. Die Wiener Masse in die Springform füllen und im vorgeheizten Backofen bei 170 Grad 25-30 Minuten backen. In der Form auskühlen lassen.

3. Für den Buttermürbeteig alle Zutaten, bis auf das Mehl, in kühlem Zustand zu einer glatten Masse verkneten. Dann das Mehl vorsichtig unterarbeiten. Den Teig in Folie wickeln und kühl stellen, am besten über Nacht, dann läßt er sich besser weiterverarbeiten.

4. Drei Viertel des Mürbeteiges ausrollen und mit dem Springformrand einen Boden von 26 cm Durchmesser ausstechen. Die Springform mit Backpapier auslegen, den Mürbeteigboden einlegen und mehrmals mit einer Gabel einstechen. Aus dem letzten Viertel des Teiges eine Rolle formen, die in ihrer Länge dem Tortenumfang entspricht. Die Teigrolle an den Innenrand der Springform legen und mit den Fingern andrücken, so daß ein gezackter Rand entsteht. Im vorgeheizten Ofen bei 160 Grad 20 Minuten backen.

5. Die Kuvertüre auflösen und den abgekühlten Mürbeteigboden damit einpinseln. Einen Wiener Boden von 1,5 cm Stärke schneiden, verkleinern und auf den Mürbeteig legen. Zwischen dem Tortenrand und dem Wiener Boden kann ein Kranz von 1 cm frei bleiben.

6. Für Die Vanillecreme Milch, Sahne, Zucker, Vanillemark und Salz aufkochen und von der Herdplatte nehmen. Milch, Eigelb und Weizenstärkemehl verrühren und zu der heißen Milch geben. Unter Rühren wieder erhitzen und zur Rose abziehen. Auf dem Wiener Boden verstreichen. Nach dem Auskühlen mit Biskuitbröseln bestreuen.

7. Für eine gemischte Torte werden vor dem Belegen alle Früchte vorbereitet: Orangen filetieren, Erdbeeren waschen, vom Grün befreien und eventuell halbieren, Pfirsiche in Spalten schneiden und gegebenenfalls kurz blanchieren, Himbeeren verlesen, Bananen in dünne Scheiben schneiden und mit Zitronensaft beträufeln. Eine Torte wird grundsätzlich von außen nach innen belegt. Die Himbeeren werden in den freigelassenen Kranz zwischen Wiener Boden und Mürbeteigrand gesetzt. Daran anschließend je einen Kreis aus Früchten anlegen, bis der Mittelpunkt erreicht ist. Das Obst möglichst dicht legen, damit die Creme nicht sichtbar ist.

8. Gelatine einweichen. Saft oder Wein mit Zucker aufkochen und die Gelatine darin auflösen. Wenn das Gelee beginnt anzuziehen, wird es je nach Beschaffenheit der Tortenoberfläche aufgetropft oder mit einem Pinsel vorsichtig auf den Früchten verstrichen.

Tip: Übriggebliebenen Wiener Boden einfrieren oder für eine zweite Torte verwenden, z.B. für eine Erdbeer-, Himbeer- oder Blaubeertorte.

Für eine <u>Erdbeertorte</u> 1000 g Erdbeeren waschen, vom Grün befreien und gut abtropfen lassen. Der äußere Rand der Torte wird mit den größten Erdbeeren belegt; zur Mitte hin sollten sie immer kleiner werden. Zwischenräume vermeiden.

Für eine <u>Himbeertorte</u> 800 g Himbeeren verlesen und möglichst nicht waschen, am besten unbehandelte Früchte kaufen. Die Beeren am äußeren Tortenrand in zwei Kreisen aneinanderlegen. Die restlichen Früchte vorsichtig in die Mitte streuen.

Für eine <u>Blaubeertorte</u> 600 g Beeren verlesen, waschen und gut abtropfen lassen. Eine Hälfte der Blaubeeren auf die Vanillecreme streuen. Gelatinegelee zubereiten und die Früchte damit binden. Anziehen lassen. Die zweite Hälfte der Beeren aufstreuen und wiederum mit einem Rezept Gelee binden.

PUNSCHRINGE

10 kleine Savarinförmchen 7,5 cm Ø

Hefeteig:

50 ml lauwarme Milch
15 g Hefe
50 g Mehl Type 550
60 g Butter
2 EL Zucker (30 g)
3 Eigelb (50 g)
½ TL abgeriebene Schale einer unbehandelten Zitrone
Mark einer ½ Vanilleschote
1 Prise Salz
100 g Mehl Type 550
knapp 2 EL Milch (30 ml)

Zum Tränken:

100 ml Apfelsaft
50 g Zucker
100 ml Weißwein
1 EL Zitronensaft (15 ml)
1 EL Rum (15 ml)
½ TL abgeriebene Schale einer unbehandelten Zitrone

Zum Bestreichen:

100 g Aprikosenkonfitüre

Vanillecreme:

150 ml Milch
50 ml Sahne
2 EL Zucker (30 g)
1 Prise Salz
Mark einer ½ Vanilleschote
3 EL Milch (45 ml)
15 g Weizenstärkemehl
1 Eigelb (20 g)

Belag:

500 g verschiedene Früchte, z. B. Himbeeren, Johannisbeeren, Stachelbeeren, Kiwis oder ausgestochene Kugeln aus einer Melone

Zum Abglänzen der Früchte:

200 ml heller, klarer Fruchtsaft oder Weißwein
100 g Zucker
2 EL Agar-Agar-Flocken (3 g)

1. Für die Savarins die ersten drei Zutaten zu einem Hefeansatz verrühren und 15 Min. gehen lassen.
2. Butter, Zucker, Eigelb, Zitronenschale, Vanillemark und Salz schaumig rühren.
3. Mit Mehl, Milch und Hefeansatz verkneten.
4. In einen Spritzbeutel füllen und in die gebutterten, ausgemehlten Savarinförmchen spritzen.
5. An einem warmen Ort abgedeckt gehen lassen, bis sich die Höhe des Teiges fast verdoppelt hat.
6. Im vorgeheizten Backofen bei 180 Grad ca. 14 Minuten backen. Anschließend stürzen.
7. Die Zutaten für die Tränke verrühren und die noch warmen Savarins kurz hineintauchen.
8. Aprikosenkonfitüre aufkochen und die Savarins dünn damit bestreichen. Jeden Savarin auf einen Servierteller setzen.
9. Für die Vanillecreme Milch, Sahne, Zucker, Salz und Vanillemark zum Kochen bringen.
10. Milch und Weizenstärkemehl glattrühren, dann das Eigelb unterrühren.
11. Die Milch von der Herdplatte nehmen und schnell mit der Eigelbmasse abbinden.
12. Unter ständigem Rühren noch einmal kurz erhitzen und zur Rose abziehen.
13. Die abgekühlte Creme in die Mitte der Savarins füllen und die vorbereiteten Früchte auflegen.
14. Saft oder Wein mit Zucker und Agar-Agar verrühren und aufkochen. Bei geringer Hitze 3 Minuten köcheln lassen. Abkühlen und leicht anziehen lassen, dann die Früchte damit abglänzen.

Verführerisches Finale, krönende Lust, süßer Ausklang oder einfach Punschringe. Viele Bezeichnungen für den Gang am Ende eines Menüs. Savarins mit einem Hauch trunkener Beschwingtheit, gefüllt mit edler Vanillecreme und verschiedenem Obst.

FRÜCHTEOMELETTES

Omelettemasse:

5 Eigelb (90 g)
5 Eiweiß (160 g)
75 g Zucker
3 EL Mehl Type 550 (30 g)
30 g Weizenstärkemehl

Füllung:

500 g Erdbeeren oder Himbeeren
3 Blatt Gelatine
2 Eigelb (36 g)
2 EL Zucker (30 g)
Mark einer ½ Vanilleschote
350 ml Sahne

Zum Verzieren:

etwas Puderzucker

1. Das Eigelb schaumig rühren. Eiweiß und Zucker zu cremigem Schnee aufschlagen. Ein Drittel des Eischnees mit der Eigelbmasse angleichen. Mehl und Weizenstärkemehl mischen und sieben. Zusammen mit dem restlichen Eischnee sehr vorsichtig unter die Eigelbmasse melieren.
2. Die Masse in einen Spritzbeutel mit möglichst großer Lochtülle geben. Auf ein mit Backpapier ausgelegtes Blech 10-12 ovale Omelettes von 7x12 cm Größe spritzen. Im vorgeheizten Ofen bei 180 Grad 10-12 Minuten bakken.
3. Die abgekühlten Omelettes vom Papier ziehen und eine Hälfte (5-6 Stück) mit vorbereiteten Früchten belegen.
4. Die Gelatine einweichen. Eigelb, Zucker und Vanillemark verrühren. Die Sahne locker aufschlagen. Die Gelatine im Wasserbad auflösen und mit einem Zehntel der Sahne unter das Eigelb rühren. Den Rest der Sahne vorsichtig unterziehen.
5. Die Masse in einen Spritzbeutel mit möglichst großer Lochtülle geben und auf die mit Früchten belegten Omelettes spritzen. Die restlichen Omelettes auflegen und leicht andrücken. 1-2 Stunden gut durchkühlen lassen.
6. Zum Servieren die Omelettes mit Puderzukker überstäuben.

ZWETSCHENTORTE

Springform: 26 cm Ø

Buttermürbeteig:

150 g Butter
75 g Puderzucker
1 Prise Salz
Mark einer ½ Vanilleschote
2 Eigelb (40 g)
225 g Mehl Type 550 oder 1050

Belag:

800 g Zwetschen

Marzipanmasse:

75 g Butter
65 g Puderzucker
40 g Marzipanrohmasse
2 Prisen Salz
abgeriebene Schale einer ½ unbehandelten Zitrone
1 Ei (75 g)
75 g Mehl Type 550

Zum Verzieren:

50 g Aprikosenkonfitüre
30 g Mandelblättchen

1. Butter, Puderzucker, Salz, Vanillemark und Eigelb in kühlem Zustand zu einer glatten Masse verkneten. Dann vorsichtig das Mehl unterarbeiten. Den Teig in Folie wickeln und kühl stellen, am besten über Nacht, dann läßt er sich besser weiterverarbeiten.
2. Den Springformboden fetten und mit Backpapier auslegen. Die Zwetschen waschen und entsteinen.
3. Die vorbereitete Springform mit dem ausgerollten Mürbeteig (8 mm dick) auslegen und einen Rand von 1,5 cm Höhe formen. Den Boden mehrfach mit einer Gabel einstechen.
4. Für die Marzipanmasse Butter, Puderzucker, Marzipanrohmasse, Salz und die Zitronenschale erst mit der Hand, dann mit den Knethaken einer Rührmaschine glattarbeiten. Nach und nach das verquirlte Ei unterrühren. Zuletzt das Mehl unter die leicht schaumige Masse melieren. Die Marzipanmasse wird kuppelförmig auf den ungebackenen Mürbeteig gestrichen und kreisförmig mit Zwetschen belegt. Die Torte im vorgeheizten Ofen bei 150 Grad 45-50 Minuten backen.
5. Nach dem Backen die Spitzen der Zwetschen mit heißer Aprikosenkonfitüre abglänzen.
6. Mandelblättchen in einer Pfanne bräunen und über die Torte streuen.

Charlotteform

Löffelbiskuits:

4 Eigelb (72 g)
2 EL Zucker (30 g)
Mark einer ½ Vanilleschote
2 Eiweiß (65 g)
3 EL Zucker (45 g)
1 Prise Salz
75 g Mehl Type 550
etwas Zucker zum Bestreuen

Zum Tränken:

Orangensaft und Grand Marnier Likör nach Geschmack

Charlottecreme:

5 Blatt Gelatine
100 ml Wein
50 g Zucker
6 Eigelb (110 g)
350 g Himbeerpüree
200 ml geschlagene Sahne

Nach Belieben ein Wiener Boden (4-5 mm Stärke) im Durchmesser der Charlotteform

Zum Belegen:

einige Himbeeren

1. Für die Löffelbiskuits Eigelb, Zucker und das Vanillemark schaumig schlagen. Eiweiß, Zucker und Salz zu cremigem Schnee aufschlagen. Beide Massen angleichen und melieren. Das gesiebte Mehl vorsichtig unterheben. Die fertige Masse in einen Spritzbeutel mit großer Lochtülle füllen und die Löffelbiskuits auf ein mit Backpapier ausgelegtes Blech dressieren. Form, Länge und Stärke der zu spritzenden Löffelbiskuits hängen von den Einkerbungen und der Höhe der Charlotteform ab. Die Löffelbiskuits mit Zucker bestreuen (überschüssigen Zucker abschütteln) und im vorgeheizten Ofen bei 200 Grad 12-15 Minuten backen. Nach dem Backen sofort vom Papier lösen.

2. Die Charlotteform mit Alufolie auslegen. Die Biskuits paßgenau zuschneiden, mit der Tränke einpinseln und so in die Form einlegen, daß der Rand lückenlos ist. Kühl stellen.

3. Für die Charlottecreme die Gelatine einweichen. Wein und Zucker aufkochen, mit Eigelb zur Rose abziehen und in eine Schüssel umfüllen. Die gut ausgedrückte Gelatine unter die Masse rühren. Das Himbeerpüree zugeben und die Masse abkühlen lassen. Mit einem Teil der geschlagenen Sahne angleichen, dann die restliche Sahne unterziehen. Die Creme in den Kühlschrank stellen und etwas anziehen lassen. Sie soll noch weich, aber nicht mehr flüssig sein, damit sie nicht hinter die Löffelbiskuits läuft. Die Creme vorsichtig in die Form füllen, die Biskuits dürfen sich nicht bewegen. Die Charlotte für ca. 30 Minuten in die Tiefkühltruhe stellen. Anschließend für 2-3 Stunden im Kühlschrank gut durchkühlen lassen.

4. Nach Belieben kann die Charlotte auf einen Wiener Boden gestürzt werden. Kurz vor dem Servieren mit Himbeeren belegen.

HIMBEER-CHARLOTTE

Mit Stolz trug der Hof-Zuckerbäcker von Kaiser Franz Josef gleich zwölf Orden – Auszeichnungen, die ihm für seine süße Arbeit verliehen worden waren. Was ihm zur Krönung fehlte, war diese Charlotte aus Himbeerpüree und Sahne – eine Meisterleistung für Majestäten.

ORANGEN-ROSETTEN-TORTE

Springform: 26 cm Ø
Glasschale: 26 cm Ø

Buttermürbeteig:

- *60 g Butter*
- *3 EL Puderzucker (30 g)*
- *1 Prise Salz*
- *Mark einer ½ Vanilleschote*
- *1 Eigelb (18 g)*
- *90 g Mehl Type 550*

Wiener Boden:

- *75 g Mehl Type 550*
- *80 g Weizenstärkemehl*
- *3 Eier (185 g)*
- *135 g Zucker*
- *1 Prise Salz*
- *35 g zerlassene Butter*

Orangenrosette:

- *3-4 unbehandelte Orangen ohne Kerne*
- *600 g Zucker*
- *300 ml Wasser*

Orangen-Sahnecreme:

- *250 ml frisch gepreßter Orangensaft*
- *1 EL frisch gepreßter Zitronensaft*
- *100 ml Sahne*
- *5 Eigelb (110 g)*
- *90 g Zucker*
- *8 Blatt Gelatine*
- *300 g geschlagene Sahne*

Tränke:

- *Saft einer ½ Orange*
- *1 EL Cointreau (15 ml)*

Zum Bestreichen des Bodens:

- *50 g Vollmilchkuvertüre*

1. Butter, Puderzucker, Salz Vanillemark und Eigelb zu einer glatten Masse verkneten. Mehl zum Schluß vorsichtig unterarbeiten. Den Teig in Folie wickeln und kalt stellen, am besten über Nacht, dann läßt er sich besser weiterverarbeiten.
2. Auf dem gefetteten Springformboden (26 cm Ø) ausrollen und im vorgeheizten Backofen bei 160 Grad ca. 20 Minuten backen. Auskühlen lassen.
3. Mehl und Weizenstärkemehl mischen und sieben. Eier, Zucker und Salz im Wasserbad auf Körpertemperatur bringen. Herausnehmen und weiter schaumig schlagen. Mehl und Stärkemehl vorsichtig untermelieren. Zum Schluß die zerlassene, abgekühlte Butter melieren.
4. Die Masse in eine mit Backpapier ausgelegte Springform geben und im vorgeheizten Backofen bei 170 Grad ca. 15 Minuten backen. Den ausgekühlten Boden so durchschneiden, daß ein dünner und ein dicker Boden entsteht. Vom dünnen Boden rundherum 4 cm abschneiden.
5. Die Orangen (mit Schale) in dünne Scheiben schneiden. Zucker und Wasser aufkochen, die Scheiben hineinlegen und etwa 60 Minuten köcheln lassen, bis die Schale weich ist und die Farbe ins Orange umschlägt.
6. Für die Orangen-Sahnecreme die Zitrussäfte mit der Sahne aufkochen. Den Topf von der Herdplatte nehmen. Eigelb und Zucker dazugeben, verrühren. Auf der Herdplatte zur Rose abziehen. Creme in ein kühles Gefäß füllen und die eingeweichte, ausgedrückte Gelatine darin auflösen. Die Creme muß auf ca. 30 Grad abkühlen, dann die geschlagene Sahne vorsichtig untermelieren.
7. Die Glasschale fetten, mit Zucker ausstreuen und mit Orangenscheiben auslegen.
8. Die Hälfte der Sahnecreme in die Form füllen.
9. Den dünnen Boden auflegen. Orangensaft mit Cointreau abschmecken und den Boden damit tränken.
10. Restliche Creme einfüllen und den dickeren Boden auflegen. Die Torte 2 Stunden kalt stellen.
11. Den Mürbeteigboden mit aufgelöster Kuvertüre bestreichen und mit der bestrichenen Seite auf die Torte legen. Die Glasschale in heißes Wasser tauchen und schnell, aber vorsichtig auf eine Tortenplatte stürzen. Die Glasschale abnehmen und überschüssige Flüssigkeit mit Küchenkrepp abtupfen.

Tip: Die Torte läßt sich am besten anschneiden, wenn sie vorher angefroren wurde.

12 Tortelettförmchen

Buttermürbeteig:

180 g Butter
90 g Puderzucker
1 Prise Salz
Mark einer ½ Vanilleschote
2 Eigelb (45 g)
260 g Mehl Type 550

Wiener Kapsel:

3 EL Butter (30 g)
3 Eier (150 g)
120 g Zucker
1 Prise Salz
60 g Mehl Type 550
70 g Weizenstärkemehl

Vanillecreme:

150 ml Milch
50 ml Sahne
2 EL Zucker (30 g)
1 Prise Salz
Mark einer ½ Vanilleschote
3 EL Milch (45 ml)
15 g Weizenstärkemehl
1 Eigelb (18 g)

Zum Bestreichen:

200 g Vollmilchkuvertüre

Belag:

Früchte der Saison

Glasur:

200 ml Wein oder klarer Obstsaft
2 EL Agar-Agar-Flocken (3 g)
100 g Zucker

OBST-TORTELETTS

Was Haydn und Vivaldi fürs Ohr so unnachahmlich gelang – warum sollte dies nicht auch für den Gaumen möglich sein? Das Flair der Jahreszeiten, von den Früchten der Saison eingefangen, auf zarten Torteletts.

1. Butter, Puderzucker, Salz, Vanillemark und Eigelb in kaltem Zustand zu einer glatten Masse verkneten. Das Mehl zum Schluß vorsichtig unterarbeiten. Den Teig kalt stellen, am besten über Nacht, dann läßt er sich besser weiterverarbeiten.
2. Den Teig etwa 3 mm dünn ausrollen und die gefetteten Förmchen damit auslegen. Gut andrükken und mehrmals mit einer Gabel einstechen. Im vorgeheizten Backofen bei 160 Grad ca. 20 Minuten backen.
3. Für die Wiener Kapsel die Butter schmelzen und abkühlen lassen. Eier, Zucker und Salz unter Rühren im Wasserbad auf Körpertemperatur bringen, herausnehmen und weiter schaumig schlagen. Mehl und Weizenstärkemehl mischen, sieben und vorsichtig untermelieren. Zum Schluß die flüssige Butter melieren.
4. Die Masse quadratisch auf ein mit Backpapier belegtes Blech (31 x 31 cm) streichen. Im vorgeheizten Backofen bei 170 Grad ca. 20 Minuten backen.
5. Aus der ausgekühlten Kapsel, je nach Tortelettförmchen, Kreise ausstechen oder Rauten schneiden.
6. Für die Vanillecreme Milch, Sahne, Zucker, Salz und Vanillemark zum Kochen bringen. Milch, Weizenstärkemehl und Eigelb mit einem Schneebesen vermengen. Die Milch von der Herdplatte nehmen und das Stärkegemisch zugeben. Unter ständigem Rühren wieder erhitzen und zur Rose abziehen.
7. Die Kuvertüre auflösen und mit einem Pinsel in die ausgekühlten Törtchen streichen. Die aus der Kapsel ausgestochenen Teile auflegen und die heiße Creme einfüllen, so daß die Kapselstücke gerade bedeckt sind.
8. Etwas von dem übrigen Kapselteig zerbröseln, auf der Creme verteilen und die vorbereiteten Früchte darauf anordnen.
9. Wein oder Saft mit Agar-Agar und Zucker aufkochen. Drei Minuten köcheln. Anziehen lassen und die Früchte damit abglänzen.

KIRSCHTORTE

Springform: 24 cm Ø
Springform: 22 cm Ø

Wiener Boden:

50 g Butter
100 g Mehl Type 550
110 g Weizenstärkemehl
4 Eier (250 g)
180 g Zucker
1 Prise Salz

Buttermürbeteig:

60 g Butter
3 EL Puderzucker (30 g)
1 Prise Salz
Mark einer ½ Vanilleschote
1 Eigelb (18 g)
90 g Mehl Type 550 oder 1050

Zum Bestreichen:

50 g Vollmilchkuvertüre

Vanillecreme:

4 TL Weizenstärkemehl (12 g)
2 EL Milch (30 ml)
1 Eigelb (18 g)
125 ml Milch
3 EL Sahne (45 ml)
2 EL Zucker (30 g)
1 Prise Salz
eine ½ Vanilleschote

Belag:

800 g Sauerkirschen, entsteint
200 g Zucker
50 g Weizenstärkemehl

Gelee zum Abglänzen:

200 ml Saft oder Wein
65 g Zucker
2 EL Agar-Agar-Flocken (3 g)

1. Für den Wiener Boden eine Springform mit 24 cm Durchmesser mit Backpapier auslegen. Die Butter zerlassen und abkühlen lassen. Mehl und Weizenstärkemehl mischen und sieben.

2. Eier, Zucker und Salz unter Rühren im Wasserbad auf Körpertemperatur bringen, herausnehmen und weiter schaumig schlagen. Das Mehl-Stärkegemisch vorsichtig untermelieren. Zum Schluß die Butter melieren. Die Wiener Masse in die Springform füllen und im vorgeheizten Backofen bei 170 Grad ca. 30 Minuten backen. In der Form auskühlen lassen.

3. Für den Buttermürbeteig alle Zutaten, bis auf das Mehl, in kühlem Zustand zu einer glatten Masse verkneten. Dann das Mehl vorsichtig unterarbeiten. Den Teig in Folie wickeln und kühl stellen, am besten über Nacht, dann läßt er sich besser weiterverarbeiten.

4. Den Mürbeteig ausrollen und mit dem Springformrand einen Boden von 22 cm Durchmesser ausstechen. Die Springform mit Backpapier auslegen, den Boden einlegen und mehrmals mit einer Gabel einstechen. Im vorgeheizten Ofen bei 160 Grad ca. 20 Minuten backen.

5. Von dem Wiener Boden einen Boden von 1,5 cm Stärke abschneiden und auf einen Durchmesser von 22 cm verkleinern.

6. Die Kuvertüre auflösen und auf den erkalteten Mürbeteigboden streichen. Den Wiener Boden auflegen und beide in einen Tortenring oder einen Springformrand (22 cm Ø) einpassen.

7. Für die Vanillecreme Weizenstärkemehl, Milch und Eigelb verrühren und beiseite stellen. Milch, Sahne, Zucker, Salz und die aufgeschnittene Vanilleschote zum Kochen bringen. Kurz vor dem Siedepunkt die Vanilleschote herausnehmen, das Mark herausschaben und wieder zur Milch geben. Den Topf von der Herdplatte nehmen und das Stärkegemisch einrühren. Unter ständigem Rühren wieder erhitzen und zur Rose abziehen. Sofort auf dem Wiener Boden verstreichen. Die Creme darf den Ring nicht verschmieren.

8. Für den Belag die Sauerkirschen mit dem Zucker erwärmen. Den entstehenden Saft (125 ml) abgießen und erkalten lassen. Das Weizenstärkemehl mit dem Saft anrühren. Die Kirschen aufkochen, mit dem angerührten Saft andicken und auf der Vanillecreme verstreichen. Die Kirschtorte für 2-3 Stunden kühl stellen.

9. Für das Gelee Saft, Zukker und Agar-Agar verrühren. Aufkochen und unter ständigem Rühren bei geringer Hitze 3 Minuten köcheln lassen. Wenn das Gelee etwas abgekühlt ist, die Torte mit Hilfe eines Pinsels abglänzen.

Tip: Der übriggebliebene Wiener Boden kann eingefroren aufbewahrt oder für eine zweite Torte, z.B. die Birnen-Riesling-Torte, verwendet werden.

JOGHURT STREIFEN

Kastenform: 30 cm Länge

Wiener Boden:

25 g Butter
50 g Mehl Type 550
55 g Weizenstärkemehl
2 Eier (125 g)
90 g Zucker
1 Prise Salz

Blätterteigboden:

200 g Blätterteig nach dem Grundrezept S. 149

Gelee:

100 g Zucker
5 g Agar-Agar-Flocken
300 ml Orangensaft, klarer Fruchtsaft oder Wein
2 Mandarinen
einige Granatapfelkerne

Joghurtcreme:

4 Blatt Gelatine
150 g Joghurt
3 EL Zucker (45 g)
1 TL Orangensaft
1 EL Zitronensaft
1 Prise Salz
1 Eigelb (18 g)
1 TL Cointreau (5 ml)
180 g geschlagene Sahne

Tränke für den Zwischenboden:

2 EL frisch gepreßter Orangensaft (30 ml)

1. Die Hälfte eines Backblechs mit Backpapier auslegen. Mit mehrfach geknickter, starker Alufolie in einer Backblechecke ein Feld von 30 x 12 cm abteilen. Für den Wiener Boden die Butter zerlassen und abkühlen lassen. Mehl und Weizenstärkemehl mischen und sieben.

2. Eier, Zucker und Salz unter Rühren im Wasserbad auf Körpertemperatur bringen. Herausnehmen und weiter schaumig schlagen. Das Mehl-Stärkegemisch vorsichtig untermelieren. Zum Schluß die Butter melieren. Die Masse in den vorher erstellten Rahmen streichen und bei 170 Grad ca. 20 Minuten backen.

3. Den fertigt getourten Blätterteig auf ca. 30x12 cm ausrollen, auf ein kalt abgespültes Blech legen, mehrmals mit einer Gabel einstechen und im vorgeheizten Ofen bei 225 Grad 12-15 Minuten backen.

4. Den Boden einer Kastenform (30 cm) mit Alufolie auslegen.

Für das Gelee Zucker und Agar-Agar in den Saft einrühren. Zum Kochen bringen und unter Rühren 3 Minuten bei niedriger Hitze köcheln lassen. Etwas abkühlen lassen. Mit ca. fünf Eßlöffeln des Gelees den Boden der Kastenform bedecken. Anziehen lassen.

5. Die Mandarinen schälen, die Spalten kurz blanchieren und die Haut abziehen. Mit den Fruchtstücken zwei oder drei Sterne auf den Geleespiegel garnieren. In die Mitte je einen Granatapfelkern legen. Mit dem Gelee so weit auffüllen, daß die Früchte fast bedeckt sind und nicht schwimmen. Anziehen lassen. Nun die Früchte völlig mit Gelee bedecken. Kühl stellen.

6. Für die Joghurtcreme die Gelatine einweichen. Joghurt, Zucker, Zitrussäfte und Salz im Wasserbad erhitzen und mit Eigelb zur Rose abziehen. Die gut ausgedrückte Gelatine unterrühren und den Cointreau zugeben. Die Creme abkühlen lassen. Dann die geschlagene Sahne unterheben und die Hälfte der Joghurtcreme glatt in die Kastenform streichen. Der Wiener Boden wird verkleinert und in die Form eingepaßt. Mit dem Orangensaft tränken. Die restliche Creme einfüllen und den passend zugeschnittenen Blätterteigboden auflegen. Für 2-3 Stunden gut durchkühlen lassen.

7. Den Joghurtstreifen mit einem erhitzen Messer losschneiden, die Kastenform kurz in heißes Wasser halten und auf eine Kuchenplatte stürzen. Die Alufolie abziehen.

Tip: Für dieses Rezept kann auch fertiger, tiefgekühlter Blätterteig verwendet werden.

PASSIONSFRUCHTTORTE

Springform: 24 cm Ø
Springform: 26 cm Ø

Buttermürbeteig:

60 g Butter
3 EL Puderzucker (30 g)
1 Prise Salz
Mark einer ½ Vanilleschote
1 Eigelb (18 g)
130 g Mehl Type 550

Wiener Masse für Rand und Boden:

70 g Butter
110 g Mehl Type 550
130 g Weizenstärkemehl
4 kleine Eier (200 g)
210 g Zucker
1 Prise Salz

Passionsfruchtcreme:

Saft von 5-7 Passionsfrüchten (140 ml)
70 g Puderzucker
140 ml Sahne
50 g Zucker
3 Eigelb (60 g)
4 Blatt Gelatine
300 g geschlagene Sahne

Zum Bestreichen:

50 g Vollmilchkuvertüre

Gelee:

100 g Himbeeren
2 EL Zucker (30 g)
3 Blatt Gelatine

Garnierung:

14-16 Himbeeren

1. Für den Buttermürbeteig die Butter, Puderzukker, Salz, Vanillemark und Eigelb in kühlem Zustand zu einer glatten Masse verkneten. Das Mehl zum Schluß vorsichtig unterarbeiten. Den Teig kalt stellen.

2. Den Teig auf dem gefetteten Boden einer Springform (26 cm Durchmesser) ausrollen, mehrmals mit einer Gabel einstechen und im vorgeheizten Backofen bei 160 Grad ca. 20 Minuten backen.

3. Butter zerlassen. Mehl und Weizenstärkemehl mischen und sieben. Eier, Zucker und Salz im Wasserbad auf Körpertemperatur bringen. Herausnehmen und weiter schaumig schlagen. Zuerst das Mehl-Stärkegemisch vorsichtig unter die Eiermasse melieren, dann die zerlassene, nicht zu heiße Butter.

4. ⅔ der Masse auf ein mit Backpapier belegtes Blech (31 x 31 cm) streichen und im vorgeheizten Backofen bei 170 Grad ca. 25 Minuten backen.

5. Von dem ausgekühlten Boden das Backpapier abziehen und die Ränder gerade abschneiden. In sechs 5 cm breite Streifen schneiden, fünf davon mit Johannisbeergelee bestreichen und mit Hilfe einer Winkelpalette aufeinandersetzen. Für eine halbe Stunde ins Gefriergerät stellen.

6. Das letzte Drittel der Wiener Masse in eine mit Backpapier ausgelegte Springform (24 cm Durchmesser) füllen und im vorgeheizten Backofen bei 170 Grad ca. 15 Minuten backen. Den ausgekühlten Teig einmal quer durchschneiden, so daß ein dünner und ein dicker Boden entsteht.

7. Für die Passionsfruchtcreme die Früchte halbieren, das Mark mit einem Löffel von der Schale lösen, in ein Sieb geben und den Saft passieren. Puderzucker dazugeben, verrühren und ziehen lassen.

8. Die Sahne, Zucker und Eigelb zur Rose abziehen, die eingeweichte, ausgedrückte Gelatine unterrühren. Passionsfruchtsaft (6 EL zum Tränken zurückbehalten) zugeben und die Creme auf ca. 30 Grad abkühlen lassen. Dann die geschlagene Sahne unterziehen.

9. Die angefrorenen Kapselstreifen mit einem scharfen Sägemesser oder einer Brotschneidemaschine in Streifen schneiden.

10. Kuvertüre auflösen und den Mürbeteigboden damit bestreichen. Den Boden in einen Tortenring oder Springformrand einpassen und die Kapselstreifen am Rand aufstellen. Der Kapselrand sollte 2-3 mm niedriger als der Tortenring sein, damit später die Creme bis an den Rand gestrichen werden kann.

11. Den dickeren Wiener Boden einlegen und mit der Hälfte der Creme bestreichen. Den zweiten Boden einlegen und diesen mit dem zurückbehaltenen Saft tränken. Der zweite Boden darf den Kapselrand nicht berühren, da die Tränke sonst in den Rand eindringt. Die restliche Creme verteilen und die Torte ca. 2 Stunden kalt stellen.

12. Die Himbeeren mit einer Gabel zu einer einheitlichen Masse zerdrükken und mit Zucker verrühren. Ziehen lassen. Dann die eingeweichte, aufgelöste Gelatine unterrühren.

13. Mit einem Tortenring (18 cm Durchmesser) in der Tortenmitte einen Kreis markieren. Sobald das Gelee zu stocken beginnt, im Kreis verteilen. Die Torte aus dem Ring lösen und mit Himbeeren garnieren.

SCHWÄBISCHE APFELTORTE

Von der Bühne hat's der Mürbeteig übernommen. Die Klassiker werden neu in Szene gesetzt: Verfeinerte Cremes in den Nebenrollen, anspruchsvoller die Dekoration. Der Apfel allerdings, der ist Hauptakteur geblieben. Auf seinen säuerlichen Charme können wir im Stück einfach nicht verzichten.

Springform: 28 cm Ø
Springform: 26 cm Ø

Wiener Boden:

50 g Butter
100 g Mehl Type 550
110 g Weizenstärkemehl
4 Eier (250 g)
180 g Zucker
1 Prise Salz

Buttermürbeteig:

150 g Butter
75 g Puderzucker
1 Prise Salz
Mark einer ½ Vanilleschote
2 Eigelb (40 g)
230 g Mehl Type 550 oder 1050

Grießcreme:

120 ml Milch
5 TL Zucker (25 g)
abgeriebene Schale einer ½ unbehandelten Zitrone
2 EL Weizengrieß (24 g)
1 Eigelb (18 g)
1 Prise Salz

Belag:

1250 g Boskop-Äpfel
3 EL Zucker (45 g)
1 TL Zimt (2 g)

Sahnecreme:

3 Blatt Gelatine
250 ml Sahne
20 g Weizenstärkemehl
3 EL Zucker (45 g)
Mark einer ½ Vanilleschote
2 Eigelb (36 g)
1 Prise Salz

Zum Verzieren:

3 EL Aprikosenkonfitüre
5 EL gehobelte, geröstete Mandeln (25 g)
2 EL Hagelzucker

1. Für den Wiener Boden eine Springform mit 28 cm Durchmesser mit Backpapier auslegen. Die Butter schmelzen und abkühlen lassen. Mehl und Weizenstärkemehl mischen und sieben.

2. Eier, Zucker und Salz unter Rühren im Wasserbad auf Körpertemperatur bringen. Herausnehmen und weiter schaumig schlagen. Mehl und Weizenstärkemehl vorsichtig untermischen. Zum Schluß die Butter melieren. Die Wiener Masse in die Springform füllen und im vorgeheizten Ofen bei 170 Grad 25-30 Minuten backen. In der Form auskuhlen lassen.

3. Für den Buttermürbeteig alle Zutaten, bis auf das Mehl, in kühlem Zustand zu einer glatten Masse verkneten. Dann das Mehl vorsichtig unterarbeiten. Den Teig in Folie wickeln und kühl stellen, am besten über Nacht, dann läßt er sich besser weiterverarbeiten.

4. Eine Springform mit 26 cm Durchmesser mit Backpapier auslegen. Den Mürbeteig 5 mm dick ausrollen. Mit dem Springformrand einen Boden von 26 cm Durchmesser ausstechen, in die Form legen und aus den Teigresten einen 6 cm hohen Rand formen. Den Boden mehrmals mit einer Gabel einstechen.

5. Vom Wiener Boden einen Boden von 1 cm Stärke abschneiden, auf den Mürbeteig legen und in einen Tortenring oder Springformrand einpassen.

6. Für die Grießcreme alle Zutaten unter ständigem Rühren zum Kochen bringen. Wenn die Creme anzieht, vom Herd nehmen und sofort auf dem Wiener Boden in der Springform verstreichen.

7. Die Äpfel schälen, halbieren, vom Kerngehäuse befreien und mit der Wölbung nach oben möglichst dicht auf die Grießcreme legen. Mit Zimt gemischten Zucker darüberstreuen.

8. Die Gelatine für die Sahnecreme einweichen. Alle übrigen Zutaten unter Rühren so lange erhitzen, bis die Creme bindet. Die Gelatine gut ausdrücken und in der heißen Creme auflösen. Die Masse über die Äpfel gießen und dabei alle Zwischenräume auffüllen. Die Wölbungen der Äpfel sollten noch aus der Creme ragen.

9. Die Schwäbische Apfeltorte im vorgeheizten Ofen bei 170 Grad ca. 45 Minuten backen. In der Form abkühlen lassen.

10. Nach dem Erkalten die Apfelkuppeln aprikotieren. Die Torte mit Mandeln und Hagelzucker bestreuen und erst zum Schluß aus dem Ring schneiden.

Tip: Der übrige Wiener Boden kann für viele andere Torten in diesem Buch verwendet werden. Zur Aufbewahrung läßt er sich gut einfrieren.

KÄSETORTE

Springform: 28 cm Ø

Buttermürbeteig:

90 g Butter
45 g Puderzucker
1 Prise Salz
Mark einer ½ Vanilleschote
1 Eigelb (18 g)
135 g Mehl Type 550

Quarkmasse:

650 g Speisequark
2 Prisen Salz
125 g Mehl Type 550 oder 1050
abgeriebene Schale einer unbehandelten Zitrone
6 Eigelb (100 g)
5 Eiweiß (180 g)
125 g Zucker
500 ml Milch

1. Butter, Puderzucker, Salz, Vanillemark und Eigelb in kühlem Zustand zu einer glatten Masse verkneten. Dann das Mehl vorsichtig unterarbeiten. Den Teig in Folie wickeln und kühl stellen, am besten über Nacht, dann läßt er sich besser weiterverarbeiten.

2. Den Springformboden fetten und mit Backpapier auslegen. Darauf den Mürbeteig 3 mm dick ausrollen und mehrmals mit der Gabel einstechen. Den Springformrand umlegen, schließen und den Boden ca. 10 Minuten im vorgeheizten Ofen bei 180 Grad vorbacken.

3. Für die Quarkmasse den Speisequark mit Salz, Mehl und Zitronenschale verrühren. Das Eigelb zugeben und weiterrühren, bis sich die Masse vom Schüsselrand löst. Eiweiß und Zucker zu cremigem Schnee aufschlagen. Die Milch auf die Quarkmasse gießen und zusammen mit einem Drittel des Eischnees angleichen. Den restlichen Eischnee untermelieren. Die Käsemasse muß eine cremige, nicht zu flüssige und nicht zu feste Konsistenz haben; eventuell mit Quark oder Milch ausgleichen.

4. Die Quarkmasse auf den Mürbeteigboden geben und die Torte im vorgeheizten Ofen bei 180 Grad 65-75 Minuten backen. Die Torte mit Pergament abdecken, damit die Oberfläche nicht zu stark bräunt. Kommt der Rand der Torte nicht hoch, muß er während des Backens mit einem Messer vom Springformrand gelöst werden.

FRÜCHTEKRANZ

Springform: 26 cm Ø
Gugelhupfform: 26 cm Ø

Buttermürbeteig:

60 g Butter
3 EL Puderzucker (30 g)
1 Prise Salz
Mark einer ½ Vanilleschote
1 Eigelb (18 g)
90 g Mehl Type 550

Gelee:

12 Blatt Gelatine
500 ml Wein
200 ml klarer Apfelsaft
200 g Zucker

Früchte:

etwa 750 g vorbereitete Früchte der Saison

Garnierung:

etwas geschlagene Sahne

1. Butter, Puderzucker, Salz, Vanillemark und Eigelb zu einer glatten Masse verkneten. Mehl zum Schluß vorsichtig unterarbeiten. Den Teig kalt stellen, am besten über Nacht, dann läßt er sich besser weiterverarbeiten.
2. Den Boden einer Springform fetten und den Teig darauf ausrollen. Im vorgeheizten Backofen bei 160 Grad ca. 20 Minuten backen.
3. Den Boden auskühlen lassen.
4. Gelatine einweichen. Wein, Apfelsaft und Zukker aufkochen. Die ausgedrückte Gelatine darin auflösen und einen Spiegel in eine Gugelhupfform gießen. Erstarren lassen.
5. Einige gut abgetrocknete Früchte auf dem Geleespiegel verteilen, mit etwas Gelatineflüssigkeit bedecken und wieder erstarren lassen.
6. Diesen Vorgang wiederholen bis Früchte und Fruchtsaft verbraucht sind. Die Form einige Stunden kalt stellen, bis die Flüssigkeit angezogen hat und durchgekühlt ist.
7. Den Mürbeteigboden auf das Gelee legen, die Form kurz in heißes Wasser tauchen und auf einen Teller stürzen. Den Rand mit Sahnetupfern garnieren.

Tip: Der Früchtekranz wird üppiger, wenn man den Mürbeteigboden mit aufgelöster Kuvertüre bestreicht und zusätzlich einen dünnen Wiener Boden auflegt.

HÜTTENKÄSETORTE

Springform: 28 cm Ø
Springform: 26 cm Ø

Wiener Boden:

50 g Butter
100 g Mehl Type 550
110 g Weizenstärkemehl
4 Eier (250 g)
180 g Zucker
1 Prise Salz

Buttermürbeteig:

60 g Butter
3 EL Puderzucker (30 g)
1 Prise Salz
Mark einer ½ Vanilleschote
1 Eigelb (18 g)
90 g Mehl Type 550 oder 1050

Baiserbrösel:

3 Eiweiß (100 g)
300 g feiner Zucker

Zum Bestreichen:

80 g Vollmilchkuvertüre

Hüttenkäsesahne:

7 Blatt Gelatine
100 ml Sahne
70 g Zucker
2 EL Zitronensaft
3 Eigelb (60 g)
200 g Hüttenkäse
100 g Magerquark
400 ml geschlagene Sahne

1.-4. am Vortag.

1. Für den Wiener Boden eine Springform mit 28 cm Durchmesser mit Backpapier auslegen. Die Butter zerlassen und abkühlen lassen. Mehl und Weizenstärkemehl mischen und sieben.

2. Eier, Zucker und Salz unter Rühren im Wasserbad auf Körpertemperatur bringen. Herausnehmen und weiter schaumig schlagen. Das Mehl-Stärkegemisch vorsichtig untermengen. Zum Schluß die Butter melieren. Die Wiener Masse in die Springform füllen und im vorgeheizten Ofen bei 170 Grad 25-30 Minuten backen. In der Form auskühlen lassen.

3. Für den Buttermürbeteig alle Zutaten, bis auf das Mehl, in kühlem Zustand zu einer glatten Masse verkneten. Dann das Mehl vorsichtig unterarbeiten. Den Teig in Folie wickeln und über Nacht kühl stellen.

4. Für die Baiserbrösel Eiweiß und Zucker im Wasserbad lauwarm aufschlagen. Aus dem Wasser nehmen und zu festem Schnee aufschlagen. Die Masse auf ein mit Backpapier ausgelegtes Blech streichen und bei 80-90 Grad 4-5 Stunden trocknen lassen. Erkaltet durch ein sehr grobes Sieb drükken oder mit der Hand zerbröseln.

5. Am nächsten Tag den Mürbeteig auf 3 mm ausrollen. Mit dem Springformrand einen Boden von 26 cm Durchmesser ausstechen. Die Springform mit Backpapier auslegen, den Boden einlegen und mehrmals mit einer Gabel einstechen. Im vorgeheizten Backofen bei 160 Grad 20 Minuten backen.

6. Die Vollmilchkuvertüre auflösen und auf den erkalteten Mürbeteigboden streichen. Den Wiener Boden in der Mitte durchschneiden, eine Hälfte auf den Mürbeteigboden legen und beides in einen Tortenring oder Springformrand einpassen. Von der zweiten Hälfte des Wiener Bodens einen möglichst dünnen Boden abschneiden und rundherum um 1 cm verkleinern.

7. Die Gelatine für die Hüttenkäsesahne einweichen. Sahne und Zucker aufkochen. Den Zitronensaft zufügen und mit dem Eigelb zur Rose abziehen. In eine kalte Schüssel umfüllen. Die ausgedrückte Gelatine unterrühren. Danach den Hüttenkäse und den Quark unterziehen. Die geschlagene Sahne vorsichtig untermelieren und die Hälfte der Masse glatt in den Tortenring streichen. Den dünnen Wiener Boden als Zwischenboden einlegen und die restliche Creme einfüllen. Die Tortenoberfläche mit einer Palette glätten. Die Hüttenkäsetorte 2-3 Stunden gut durchkühlen lassen. Anschließend aus dem Ring lösen und mit den Baiserbröseln bestreuen.

Tip: Den übrigen Wiener Boden einfrieren oder z.B. für eine Schwäbische Apfeltorte verwenden.

GRAPEFRUITTORTE

Dies ist das Bemühen um eine Ehrenrettung. Viel zu selten ließen sich die Kuchenkünstler in der Vergangenheit von der Grapefruit inspirieren. Das mag auch an ihrem ausgeprägten Charakter gelegen haben. Breitgefächert zeigt sie nun oben, was wir entbehren mußten. Also: Schluß mit dem Tabu.

Springform: 26 cm Ø

Buttermürbeteigboden:

- *60 g Butter*
- *3 EL Puderzucker (30 g)*
- *1 Prise Salz*
- *Mark einer ½ Vanilleschote*
- *1 Eigelb (18 g)*
- *90 g Mehl Type 550 oder 1050*

Zum Bestreichen:

- *50 g Vollmilchkuvertüre*

Mandelkakaoboden:

- *110 g Marzipanrohmasse*
- *1 EL Wasser (15 ml)*
- *3 Eigelb (55 g)*
- *1 Prise Zimt*
- *1 Prise Salz*
- *25 g Mehl Type 550*
- *30 g Kakao*
- *4 EL Biskuitbrösel (16 g)*
- *3 Eiweiß (90 g)*
- *50 g Zucker*

Vanillecreme:

- *150 ml Milch*
- *50 ml Sahne*
- *2 EL Zucker (30 g)*
- *1 Prise Salz*
- *Mark einer ½ Vanilleschote*
- *3 EL Milch (45 ml)*
- *15 g Weizenstärkemehl*
- *1 Eigelb (18 g)*

Zum Bestreuen:

- *50 g Biskuitbrösel*

Zum Belegen:

- *5-8 rötliche Grapefruits oder Apfelsinen*

Zum Abglänzen der Früchte:

- *200 ml heller Fruchtsaft oder Wein*
- *100 g Zucker*
- *2 EL Agar-Agar-Flocken (3 g)*

1. Für den Buttermürbeteigboden alle Zutaten, bis auf das Mehl, zu einer glatten Masse verkneten.

2. Zum Schluß das Mehl vorsichtig unterarbeiten. Den Teig kalt stellen, am besten über Nacht, dann läßt er sich besser weiterverarbeiten.

3. Buttermürbeteig 3 mm dick auf einem gefetteten Springformboden ausrollen und im vorgeheizten Backofen bei 160 Grad ca. 20 Minuten backen.

4. Für den Mandelkakaoboden das Marzipan, Wasser, Eigelb, Zimt und Salz schaumig rühren. Das Mehl mit Kakao und Bröseln vermischen. Eiweiß und Zucker zu cremigem Schnee aufschlagen. Die Hälfte des Eischnees unter die Eigelbmasse heben, dann mit dem restlichen Eischnee und dem Mehl-Kakaogemisch vorsichtig melieren.

5. Eine Springform mit Backpapier auslegen. Den Teig aufstreichen und im vorgeheizten Backofen bei 190 Grad ca. 10-12 Minuten backen.

6. Die Böden auskühlen lassen. Buttermürbeteig in einen Tortenring oder einen Springformrand einpassen und mit aufgelöster Kuvertüre bestreichen. Den Mandelkakaoboden auflegen.

7. Für die Vanillecreme Milch, Sahne, Zucker, Salz und Vanillemark zum Kochen bringen. Milch, Weizenstärkemehl und Eigelb gut vermengen. Die Milch von der Herdplatte nehmen und mit der angerührten Masse schnell verschlagen. Unter ständigem Rühren kurz wieder erhitzen und zur Rose abziehen.

8. Die heiße Creme gleichmäßig auf dem Boden verstreichen. Die Biskuitbrösel auf der ausgekühlten Creme verteilen.

9. Die Grapefruits (Apfelsinen) mit einem Messer schälen und Filets heraustrennen. Den abtropfenden Saft auffangen und zum Abglänzen der Fruchtfilets aufbewahren.

10. Die Filets mit Küchenkrepp trockentupfen, dann kranzförmig und leicht überlappend auf die Creme legen.

11. Aufgefangenen Grapefruit- oder Apfelsinensaft mit Wein oder hellem Fruchtsaft auf 200 ml auffüllen, mit Zucker sowie Agar-Agar mischen und aufkochen. Unter Rühren bei schwacher Hitze 3 Minuten köcheln lassen. Wenn die Flüssigkeit andickt, mit einem Pinsel vorsichtig auf den Filets verteilen.

BIRNEN-RIESLING-TORTE

Springform: 24 cm Ø
Springform: 26 cm Ø

Wiener Boden:

50 g Butter
100 g Mehl Type 550
110 g Weizenstärkemehl
4 Eier (250 g)
180 g Zucker
1 Prise Salz

Buttermürbeteig:

60 g Butter
3 EL Puderzucker (30 g)
1 Prise Salz
Mark einer ½ Vanilleschote
1 Eigelb (18 g)
90 g Mehl Type 550

Makronenmasse:

450 g Marzipanrohmasse
3 Eigelb (45 g)
90 g Puderzucker
1 Prise Salz
etwas abgeriebene Schale einer unbehandelten Zitrone

Zum Bestreichen:

50 g Vollmilchkuvertüre

Belag:

6 Williamsbirnen
300 ml Riesling-Wein
Saft einer halben Zitrone
4 EL Zucker (60 g)

Riesling-Sahne:

5 Blatt Gelatine
100 ml Riesling-Wein
100 g Zucker
5 Eigelb (90 g)
3 EL Birnengeist (45 ml)
350 ml geschlagene Sahne

Gelee zum Abglänzen:

65 g Zucker
2 EL Agar-Agar-Flocken (3 g)
200 ml Birnensaft oder Wein

Zum Aprikotieren:

100 g Aprikosenkonfitüre

1. Für den Wiener Boden eine Springform mit 24 cm Ø mit Backpapier auslegen. Die Butter schmelzen und abkühlen lassen. Mehl und Weizenstärkemehl mischen und sieben.
2. Eier, Zucker und Salz unter Rühren im Wasserbad auf Körpertemperatur bringen. Herausnehmen und weiter schaumig schlagen. Mehl und Stärke vorsichtig unterheben. Zum Schluß die Butter melieren. Die Wiener Masse in die Springform füllen und im vorgeheizten Ofen bei 170 Grad ca. 30 Minuten backen. In der Form auskühlen lassen.
3. Für den Buttermürbeteig alle Zutaten, bis auf das Mehl, in kühlem Zustand zu einer glatten Masse verkneten. Dann das Mehl vorsichtig unterarbeiten. Den Teig in Folie wickeln und kühl stellen, am besten über Nacht, dann läßt er sich besser weiterverarbeiten.
4. Für die Makronenringe die Marzipanrohmasse mit dem Eigelb glattarbeiten. Puderzucker sieben und zusammen mit dem Salz und der Zitronenschale unterkneten. Die fertige Masse in einen Spritzbeutel mit großer Lochtülle geben. Mit einem Tortenring und einem Bleistift 4-5 Ringe (26 cm Ø) auf Backpapier zeichnen. Die Makronenmasse entlang der Linien aufdressieren.
Das Aufspritzen dieser Makronenmasse erfordert sehr viel Kraft, doch wenn die Masse zu dünn ist, läuft sie beim Backen auseinander. Den Schluß eines jeden Ringes paßgenau abschneiden und ansetzen. Die Ringe im vorgeheizten Backofen bei 160 Grad 12-15 Minuten abbacken, bis sie goldgelb sind.

5. Den Mürbeteig ausrollen und mit dem Springformrand einen Boden von 26 cm Durchmesser ausstechen. Die Springform mit Backpapier auslegen und den Mürbeteigboden einlegen; mehrmals mit einer Gabel einstechen und im vorgeheizten Ofen bei 160 Grad 20 Minuten backen.

6. Die Kuvertüre auflösen und auf den ausgekühlten Mürbeteigboden streichen. Die abgekühlten Makronenringe übereinander als Rand auf den Boden legen. Den Wiener Boden halbieren. Aus der einen Hälfte noch einmal zwei dünne Böden schneiden und auf 22 cm Durchmesser verkleinern. Einen Boden in den Makronenrand einpassen.

7. Für den Belag die Birnen schälen, vierteln und vom Kerngehäuse befreien. Wein, Zitronensaft und Zucker kurz aufkochen. Die Birnen dazugeben; den Topf vom Herd nehmen und die Birnen so lange ziehen lassen, bis sie weich aber noch schnittfest sind. Die Früchte aus dem Sud nehmen, kalt abschrecken und abtropfen lassen.

8. Für die Riesling-Sahnecreme die Gelatine einweichen. Wein und Zucker aufkochen und mit dem Eigelb zur Rose abziehen. Die Creme in eine kalte Schüssel umfüllen, die gut ausgedrückte Gelatine einrühren und abkühlen lassen. Den Birnengeist zugeben und die geschlagene Sahne unterheben.

9. Die Creme so in den Makronenring füllen, daß bis zum obersten Rand der Makronenringe noch ca. 1 cm Freiraum ist. Etwas Sahnecreme zurückbehalten. Den zweiten Wiener Boden einpassen und die restliche Creme darauf verstreichen.

10. Die Birnen mit einem scharfen Messer (keine Säge!) in dünne Scheiben schneiden und kreisförmig auflegen.

11. Für das Gelee Zucker und Agar-Agar mischen und in den Saft einrühren. Zum Kochen bringen und unter Rühren bei schwacher Hitze 3 Minuten köcheln. Abkühlen lassen. Sobald die Flüssigkeit anzieht, die Birnen damit oberflächenschließend abglänzen. Die Torte für zwei Stunden kühl stellen.

12. Den Makronenrand kurz vor dem Servieren mit heißer Konfitüre aprikotieren.

Tip: Der übrige Wiener Boden kann für alle weiteren Torten mit Wiener Boden verwendet werden, zum Beispiel für die Kirschtorte, die Hüttenkäsetorte, die Schwäbische Apfeltorte etc. Wenn er nicht sofort weiterverarbeitet werden soll, kann er auch sehr gut eingefroren werden.

VORBEREITEN DER FRÜCHTE

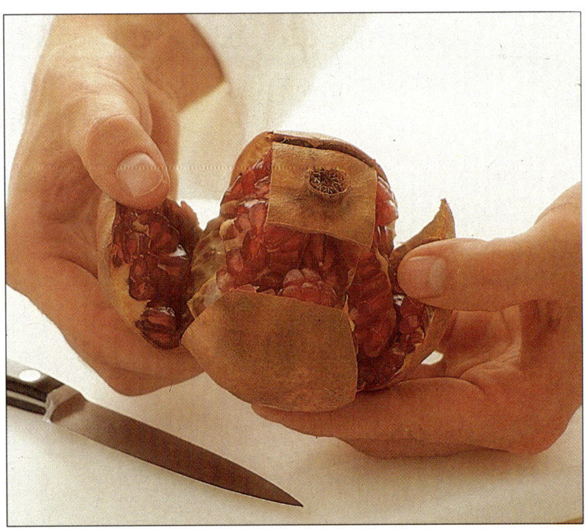

1. Um Filets von Orangen, Grapefruits oder anderen Zitrusfrüchten herzustellen, müssen die Früchte erst von Schale und Haut befreit werden. Zuerst schneidet man die Kuppen ab, stellt die Frucht auf ein Schneidbrett und führt das Messer der Fruchtform folgend von oben nach unten.

2. Über einer Schüssel werden die einzelnen Segmente mit einem scharfen Messer zwischen den Häutchen herausgeschnitten. An einem Filet dürfen keine Hautreste mehr zu sehen sein.

Zum Öffnen eines Granatapfels schneidet man ihn an der Kappe quadratförmig ein und bricht die Frucht auf.

Um gleichmäßige Scheiben zu erhalten, werden bei Kiwis die Kappen gerade abgeschnitten. Anschließend mit einem Sparschäler die Haut entfernen.

TIPS & TRICKS

VORBEREITEN VON OBSTTORTEN MIT MÜRBETEIGRAND

1. Obsttorten, bei denen der Belag mitgebacken wird, benötigen einen Rand aus Mürbeteig. Dazu rollt man zunächst den Mürbeteig aus und sticht mit einem Tortenring oder Springformrand einen Boden aus. Den restlichen Teig rollt man zu einem langen, schmalen Stück aus und schneidet einen Streifen heraus, der in Höhe und Länge dem Tortenring entspricht. Dann wird der Streifen aufgerollt, in den Ring gestellt und mit leichtem Druck an den Ring und gegen den Boden abgerollt.

2. In diese Mürbeteigform wird ein fertig gebackener und zurechtgeschnittener Wiener Boden eingelegt. Durch ihn kann vermieden werden, daß nach Ende der Backzeit der Belag gar, doch der Boden noch ungebacken ist.

OBSTTORTENBÖDEN MIT KUVERTÜRE BESTREICHEN

Bevor Obsttorten oder Torteletts mit Früchten belegt werden, bestreicht man den Mürbeteigboden mit aufgelöster Kuvertüre. Sie bildet eine geschlossene Schicht, durch die keine Flüssigkeit dringen kann. So bleibt der Boden schön knusprig.

SAHNETORTEN

COINTREAU-TRÜFFEL-TORTE

Springform: 28 cm Ø

Boden:

40 g Mehl Type 550
30 g Kakaopulver
7 Eigelb (120 g)
2 EL Zucker (30 g)
3 EL Wasser (45 ml)
3 Eiweiß (110 g)
100 g Zucker

Läuterzucker:

120 g Zucker
70 ml Wasser

Schokoladensahne:

200 g Halbbitterkuvertüre
150 ml Läuterzucker
200 g geschlagene Sahne

Cointreausahne:

3 Blatt Gelatine
2 Eigelb (40 g)
2 EL Läuterzucker (30 ml)
300 ml geschlagene Sahne
70 ml Cointreau

Decke:

1 Wiener Boden (26 cm Ø, 3-4 mm dick)

Zum Bestäuben:

etwas Kakaopulver

1. Eine Springform mit Backpapier auslegen. Mehl und Kakaopulver mischen und sieben. Eigelb, Zucker und Wasser schaumig rühren. Eiweiß und Zucker zu cremigem Schnee aufschlagen. Ein Drittel davon zu der Eigelbmasse geben und angleichen. Den Rest zusammen mit dem Mehl-Kakaogemisch unterheben. Die Masse in die Springform füllen und im vorgeheizten Ofen bei 160 Grad 20-25 Minuten backen. Den Boden abkühlen lassen, aus der Form nehmen und in einen Tortenring mit 26 cm Durchmesser einpassen.

2. Für den Läuterzucker Zucker und Wasser unter Rühren aufkochen und so lange köcheln lassen, bis sich der Zucker völlig gelöst hat. Anschließend abkühlen lassen. 2 EL Läuterzucker für die Cointreausahne abnehmen.

3. Die Kuvertüre für die Schokoladensahne auflösen. Den annähernd gleichwarmen — eher etwas kälteren — Läuterzucker in drei Portionen zugeben und jeweils mit den Schneebesen eines elektrischen Handrührgerätes unterrühren. Ein Viertel der geschlagenen Sahne zugeben und angleichen. Den Rest vorsichtig, aber zügig unterziehen. Die Schokoladensahne glatt auf den Tortenboden streichen. Den Tortenring mit Küchenkrepp säubern.

4. Die Gelatine für die Cointreausahne einweichen. Eigelb und Läuterzucker schaumig rühren. Ein Drittel der geschlagenen Sahne unterheben. Cointreau und die im Wasserbad aufgelöste Gelatine zugeben. Die restliche Sahne unterziehen, in den Tortenring füllen und mit einer Winkelpalette glattstreichen. Den Wiener Boden auflegen und andrücken. Kurz vor dem Servieren in Stücke schneiden und erst dann mit etwas Kakaopulver bestäuben. Eiskalt, jedoch nicht gefroren, schmeckt die Torte am besten.

PREISELBEER-VANILLE-SAHNETORTE

Springform: 26 cm Ø
Springform: 28 cm Ø

Wiener Boden:

50 g Butter
100 g Mehl Type 550
110 g Weizenstärkemehl
4 Eier (250 g)
180 g Zucker
1 Prise Salz

Buttermürbeteigboden:

60 g Butter
3 EL Puderzucker (30 g)
1 Prise Salz
Mark einer ½ Vanilleschote
1 Eigelb (18 g)
90 g Mehl Type 550 oder 1050

Zum Bestreichen:

50 g Vollmilchkuvertüre

Preiselbeerkompott:

365 g Preiselbeeren
135 g Zucker

Vanillesahne:

40 ml Milch
60 g Zucker
Mark einer ½ Vanilleschote
3 Eigelb (50 g)
4 Blatt Gelatine
400 ml Sahne

Zum Verzieren:

150 g Preiselbeeren

Geleeguß:

250 ml heller, klarer Fruchtsaft oder Wein
2 EL Agar-Agar-Flocken (3 g)
2 TL Zucker (10 g)

1. Butter zerlassen. Mehl und Weizenstärkemehl mischen und sieben. Eier, Zucker und Salz unter Rühren im Wasserbad auf Körpertemperatur bringen, herausnehmen und weiter schaumig schlagen. Das Mehl-Stärkegemisch vorsichtig unter die Eimasse melieren, danach die abgekühlte Butter untermelieren. Den Boden einer Springform mit Backpapier auslegen und die Masse einfüllen. Im vorgeheizten Ofen bei 170 Grad ca. 25-30 Minuten backen. In der Form auskühlen lassen.
2. Für den Buttermürbeteig alle Zutaten, bis auf das Mehl, in kühlem Zustand zu einer glatten Masse verkneten. Dann das Mehl unterarbeiten. Den Teig ausrollen und mit dem Springformrand einen Boden von 26 cm Durchmesser ausstechen. Die Springform mit Backpapier auslegen, den Boden einlegen und mehrmals mit einer Gabel einstechen. Im vorgeheizten Backofen bei 160 Grad 20 Minuten backen.
3. Den ausgekühlten Mürbeteigboden mit aufgelöster Kuvertüre bestreichen und in einen Tortenring oder Springformrand einpassen.
4. Vom Wiener Boden einen 1 cm dicken Boden abschneiden und auf den Mürbeteigboden legen. Einen zweiten, möglichst dünnen Boden schneiden und rundherum um 1 cm verkleinern.
5. Für das Kompott zwei Drittel der Preiselbeeren mit dem Zucker aufkochen und 2 Minuten sprudelnd kochen lassen. Von der Herdplatte nehmen und die restlichen Preiselbeeren vorsichtig unterrühren. Das ausgekühlte Kompott auf den Wiener Boden im Tortenring streichen.
6. Milch, Zucker und Vanillemark im Wasserbad erhitzen und mit Eigelb zur Rose abziehen. Die eingeweichte, gut ausgedrückte Gelatine unterrühren. Die Sahne cremig aufschlagen und ein Viertel davon unter die auf ca. 26 Grad abgekühlte Creme rühren. Dann den Rest der Sahne vorsichtig untermelieren.
7. Die Hälfte der Vanillesahne auf das Kompott im Tortenring streichen und den dünnen Wiener Boden auflegen. Den Rest der Sahne einfüllen und glattstreichen. 150 g Preiselbeeren auf der Torte verteilen.
8. Für den Geleeguß den Saft, Agar-Agar und Zucker aufkochen und unter ständigem Rühren bei geringer Hitze 3 Minuten köcheln lassen. Vor der Verwendung ziemlich abkühlen lassen, dann gleichmäßig über die Früchte gießen.
Die Torte für 2-3 Stunden in den Kühlschrank stellen.
9. Ist der Guß fest, wird der Tortenring mit einem geraden Messer gelöst und abgehoben.

Tip: Den übriggebliebenen Wiener Boden für spätere Gelgenheiten einfrieren oder z.B. für eine Zitronen-Sahnetorte verwenden.

TIRAMI SU

Variabler Metallrahmen:
25 x 31 cm

Genfer Böden:

50 g Butter
35 g Mehl Type 550
35 g Weizenstärkemehl
3 Eigelb (50 g)
3 Eiweiß (100 g)
50 g Fruchtzucker

Mascarponecreme:

80 ml Sahne
5 Eigelb (90 g)
120 g Zucker
500 g Mascarpone
3 Blatt Gelatine

Zum Tränken:

50 ml starker Espresso
50 ml Kaffeelikör

Zum Bestäuben:

Kakaopulver

1. Butter schmelzen. Mehl und Weizenstärkemehl mischen und sieben. Eigelb schaumig schlagen. Eiweiß und Fruchtzucker vorsichtig zu cremigem Schnee aufschlagen. Ein Viertel des Eischnees unter das schaumige Eigelb rühren. Dann den restlichen Eischnee zusammen mit dem Mehl-Stärkegemisch untermelieren. Zuletzt die abgekühlte, flüssige Butter melieren.

2. Ein Backblech mit Backpapier auslegen, einen Metallrahmen auf 25 x 31 cm einstellen, auf das Backpapier setzen und die Hälfte des Teiges darin glattstreichen. Im vorgeheizten Ofen bei 170 Grad ca. 14-16 Minuten backen. Danach die zweite Hälfte abbacken. Die fertigen Böden auf ein Kuchengitter stürzen und vorsichtig das Backpapier abziehen. Auskühlen lassen.

3. Die Sahne für die Mascarponecreme aufschlagen. Eigelb und Zucker zu einer schaumigen Masse schlagen. Mascarpone mit einem Viertel der Eigelbmasse glattrühren, dann den Rest untermischen. Die eingeweichte, gut ausgedrückte Gelatine im Wasserbad auflösen und vorsichtig unterziehen. Zum Schluß vorsichtig die geschlagene Sahne unterheben.

4. Einen Boden in den Metallrahmen (24 x 30 cm) einpassen und mit einem Drittel der Tränke beträufeln. Die Hälfte der Mascarponecreme einfüllen, glattstreichen und den zweiten Boden (Maße: 23 x 29 cm) auflegen. Mit dem Rest der Tränke beträufeln und etwas einziehen lassen. Mit Mascarponecreme auffüllen, glattstreichen und in den Kühlschrank stellen.

5. Nach 2-3 Stunden den Metallrahmen mit einem geraden Messer lösen und abheben. Kurz vor dem Servieren das Kakaopulver durch ein feines Sieb aufstäuben.

1.

2.

3.

1. FRANZÖSISCHE WALNUSSTORTE

(Foto oben)

Springform: 26 cm Ø

Walnußboden:

4 Eier (260 g)
185 g Zucker
1 Prise Salz
1 Prise Zimt
Mark einer ¼ Vanilleschote
50 g sehr feine Biskuitbrösel
140 g gemahlene Walnüsse
4 TL Erdnuß- oder Sonnenblumenöl (16 ml)
35 g Butter

Schokoladensahne:

400 ml Sahne
1 Prise Salz
¼ Vanilleschote
40 g gehackte Vollmilchkuvertüre

Garnierung:

100 g Vollmilchkuvertüre

1. Die Eier, Zucker, Salz, Zimt und Vanillemark sehr stark aufschlagen (fester Stand der Masse). Die Biskuitbrösel und Walnüsse vermischen. Öl erwärmen, Butter schmelzen. Die Eimasse gleichmäßig mit dem Nuß-Bröselgemisch melieren, zum Schluß das Öl und die nicht zu heiße Butter unterheben.
2. Eine Springform mit Backpapier auslegen und die Walnußmasse einfüllen. Im vorgeheizten Backofen bei 180 Grad ca. 20 Minuten backen.
3. Den ausgekühlten Boden in einen Tortenring oder Springformrand einpassen.
4. Für die Schokoladensahne Sahne, Salz und Vanilleschote erhitzen. Von der Herdplatte nehmen und die Vanilleschote herausnehmen. Das Mark herausschaben, in die Sahne zurückgeben und aufkochen. Dann die gehackte Kuvertüre völlig darin auflösen. Die Schokoladensahne über Nacht sehr kalt stellen.
5. Die Schokoladensahne schaumig schlagen und auf den Walnußboden streichen. Die Torte 2-3 Stunden sehr kalt stellen.
6. Die Kuvertüre temperieren und auf eine glatte, rechteckige Platte streichen. Bei Zimmertemperatur fast fest, aber nicht hart werden lassen. Dann mit einem Metallspachtel schnell und ruckartig von der Platte schieben.
7. Die Torte aus dem Ring nehmen und mit den Kuvertürespänen garnieren.

2. SCHÖPPENSTEDTER SAHNETORTE

(Foto Seite 84, Mitte)

Springform: 28 cm Ø

Buttermürbeteigboden:

- *60 g Butter*
- *3 EL Puderzucker (30 g)*
- *1 Prise Salz*
- *Mark einer ½ Vanilleschote*
- *1 Eigelb (18 g)*
- *90 g Mehl Type 550 oder 1050*

Schöppenstedter Böden:

- *40 g Mehl Type 550*
- *40 g Weizenstärkemehl*
- *50 g gemahlene Mandeln*
- *100 g Marzipanrohmasse*
- *4 Eigelb (80 g)*
- *1 TL Zimt (2 g)*
- *2 Prisen Salz*
- *4 Eiweiß (145 g)*
- *110 g Zucker*

Zum Bestreichen:

- *50 g Vollmilchkuvertüre*

Vanillecreme:

- *300 ml Milch*
- *40 g Zucker*
- *1 Prise Salz*
- *eine ½ Vanilleschote*
- *18 g Weizenstärkemehl*
- *2 Eigelb (30 g)*

Schokocreme:

- *300 ml Milch*
- *40 g Zucker*
- *1 Prise Salz*
- *18 g Weizenstärkemehl*
- *2 EL Kakaopulver (12 g)*
- *1 Eigelb (20 g)*

Schöppenstedter Sahne:

- *50 g Haselnuß-Nougat, dunkel*
- *3 Blatt Gelatine*
- *2 EL Milch (30 ml)*
- *350 ml Sahne*

Zum Verzieren:

- *100 g Vollmilchkuvertüre*

1. Für den Mürbeteig alle Zutaten, bis auf das Mehl, in kaltem Zustand zu einem glatten Teig verkneten. Dann das Mehl vorsichtig unterarbeiten. Den Teig in Folie wickeln und kühl stellen, am besten über Nacht, dann läßt er sich besser weiterverarbeiten.
2. Mehl und Weizenstärkemehl sieben und mit den Mandeln vermengen. Die Marzipanrohmasse mit Eigelb, Zimt und Salz schaumig rühren. Eiweiß und Zucker zu cremigem Schnee aufschlagen. Ein Viertel des Eischnees mit der Marzipanmasse angleichen, dann den restlichen Eischnee vorsichtig untermelieren. Zum Schluß das Mehl-Stärke-Mandelgemisch melieren.
3. Aus der Masse drei Böden backen. Dafür jeweils den Boden einer Springform mit Backpapier auslegen und ein Drittel des Teiges einfüllen. Im vorgeheizten Ofen bei 160 Grad ca. 18-20 Minuten backen. Die fertigen Böden jeweils aus der Form schneiden, auf ein Kuchengitter stürzen und auskühlen lassen. Vorsichtig das Backpapier abziehen.
4. Den Mürbeteig ausrollen, mit einem Springformrand einen Boden von 26 cm Durchmesser ausstechen, in eine mit Backpapier ausgelegte Springform legen und mehrmals mit einer Gabel einstechen. Im vorgeheizten Backofen bei 160 Grad ca. 20 Minuten backen.
5. Den ausgekühlten Mürbeteig mit aufgelöster Kuvertüre bestreichen und einen Schöppenstedter Boden darauflegen. Die Böden zusammen in einen Tortenring (26 cm) einpassen.
6. Für die Vanillecreme 250 ml der Milch mit Zukker, Salz und der aufgeschnittenen Vanilleschote aufkochen. Kurz vor dem Siedepunkt die Vanilleschote herausnehmen, das Mark herausschaben und in die Milch geben. Weizenstärkemehl mit dem Eigelb und der restlichen Milch verrühren. Unter Rühren in die kochende Milch gießen. Die Creme vom Herd nehmen und sofort auf den im Tortenring liegenden Boden streichen. Einen zweiten Boden auflegen.
7. Für die Schokocreme 250 ml Milch mit Zucker und Salz aufkochen. Weizenstärkemehl und Kakaopulver mit dem Eigelb und der restlichen Milch verrühren. In die kochende Milch geben und unter Rühren zu einer Creme abbinden. Die Creme vom Herd nehmen und sofort auf den zweiten Boden streichen. Den dritten Boden auflegen und die Torte für 2 - 3 Stunden kühl stellen.
8. Für die Schöppenstedter Sahne Nougat im Wasserbad verflüssigen. Die Gelatine einweichen, ausdrücken, auflösen und mit dem Nougat verrühren. Dann mit der ein wenig erwärmten Milch vorsichtig glattrühren. Nougat, Gelatine und Milch sollten annähernd die gleiche Temperatur haben, damit es eine gleichmäßige, glatte Konsistenz gibt. Die Sahne cremig aufschlagen. Ein Viertel davon in die etwas abgekühlte Nougatmasse geben und angleichen. Dann den Rest der Sahne vorsichtig untermelieren. Schöppenstedter Sahne auf die Torte streichen. Kühl stellen.
9. Für die Herstellung von Schokospänen die Vollmilchkuvertüre temperieren. Auf eine glatte Platte streichen und bei Zimmertemperatur fest, aber nicht hart werden lassen. Mit einem Metallspachtel schnell und ruckartig von der Platte schieben.
10. Ist die Sahne angezogen, werden die Schokospäne darauf verteilt. Den Tortenring mit einem geraden Messer lösen und vorsichtig nach oben abziehen.

3. JAMAICA-SAHNETORTE

(Foto Seite 84, unten)

Springform: 26 cm Ø
Springform: 28 cm Ø

Buttermürbeteigboden:

60 g Butter
3 EL Puderzucker (30 g)
1 Prise Salz
Mark einer ½ Vanilleschote
1 Eigelb (18 g)
90 g Mehl Type 550 oder 1050

Wiener Boden:

50 g Butter
100 g Mehl Type 550
90 g Weizenstärkemehl
30 g Kakaopulver
4 Eier (250 g)
180 g Zucker
1 Prise Salz

Zum Bestreichen:

50 g Vollmilchkuvertüre

Birnen:

3 Birnen
Saft einer Zitrone
100 ml Wasser
2 EL Zucker (30 g)
4 TL Jamaica-Rum (20 ml)

Jamaica-Sahne:

45 g Halbbitterkuvertüre
3 ½ Blatt Gelatine
3 EL Jamaica-Rum (45 ml)
60 g Zucker
600 ml Sahne

Zum Verzieren:

100 g Halbbitterkuvertüre

1. Für den Mürbeteig alle Zutaten, bis auf das Mehl, in kaltem Zustand zu einer glatten Masse verkneten. Dann das Mehl vorsichtig unterarbeiten. Den Teig in Folie wickeln und kühl stellen, am besten über Nacht, dann läßt er sich besser weiterverarbeiten.
2. Butter schmelzen. Mehl, Weizenstärkemehl und Kakaopulver mischen und sieben. Eier, Zucker und Salz unter Rühren im Wasserbad auf Körpertemperatur bringen. Herausnehmen und weiter schaumig schlagen. Das Mehl-Stärke-Kakaogemisch vorsichtig unter die Eimasse melieren. Zuletzt die flüssige, abgekühlte Butter melieren.
3. Den Boden einer Springform mit Backpapier auslegen und die Wiener Masse einfüllen. Im vorgeheizten Ofen bei 170 Grad ca. 25-30 Minuten backen. In der Form auskühlen lassen.
4. In der Zwischenzeit den Mürbeteig ausrollen, einen Boden von 26 cm Durchmesser ausstechen und in eine mit Backpapier ausgelegte Springform geben. Mehrmals mit einer Gabel einstechen. Im vorgeheizten Backofen bei 160 Grad ca. 20 Minuten backen.
5. Vom ausgekühlten Wiener Boden einen 1 cm dikken Boden abschneiden. Dann einen zweiten, möglichst dünnen Boden schneiden und diesen rundherum um 1 cm verkleinern.
6. Den ausgekühlten Mürbeteigboden mit aufgelöster Kuvertüre bestreichen. Den dicken Wiener Boden darauflegen und in einen Tortenring (26 cm Durchmesser) einpassen.
7. Die Birnen schälen, vom Kerngehäuse befreien und in dünne Spalten schneiden. 14 Spalten für die Garnierung aufbewahren und mit Zitronensaft beträufeln, damit sie nicht braun werden. Wasser, Zucker und Rum erhitzen, die Birnenspalten hinzugeben und bis zum Weichwerden ziehen lassen. In kaltem Wasser abschrecken. Birnenscheiben leicht mit Küchenkrepp abtrocknen und kreisförmig auf den Wiener Boden im Tortenring legen.
8. Für die Jamaica-Sahne die Kuvertüre auflösen. Die Gelatine einweichen, ausdrücken und in die flüssige Kuvertüre einrühren. Rum und Zucker zufügen und glattrühren. Die Sahne cremig aufschlagen und ein Viertel davon vorsichtig unter die Kuvertüremasse mischen. Dann die restliche Sahne unterheben.
9. Die Hälfte der Sahne glatt auf die Birnen streichen und den dünnen Boden auflegen. Die restliche Sahne einfüllen und glattstreichen. Die Torte im Kühlschrank fest werden lassen.
10. Die Kuvertüre zum Verzieren temperieren. Dünn auf eine glatte Platte streichen und bei Zimmertemperatur fest, aber nicht hart werden lassen. Mit einem Metallspachtel die Kuvertüre schnell und ruckartig von der Platte schieben.
11. Den Tortenring mit einem geraden Messer lösen und abheben. Die Torte in 14 Stücke einteilen, die Schokospäne darauf verteilen und jeweils mit einem der zurückbehaltenen Birnenstücke verzieren.

Tip: Der übrige Wiener Boden kann z. B. für eine Schwäbische Apfeltorte verwendet werden. Für längere Aufbewahrung empfiehlt es sich, ihn einzufrieren.

SCHWARZWÄLDER KIRSCHTORTE

Manchmal tun es die Konditoren den Musikern gleich. Sie benutzen Originalkompositionen, um darüber zu improvisieren. Und oft ist dann das Ergebnis interessanter und anregender als die Vorlage. Sozusagen eine kreative Ode an unseren schönen Schwarzwald.

Springform: 26 cm Ø
Springform: 28 cm Ø

Buttermürbeteigboden:

60 g Butter
3 EL Puderzucker (30 g)
1 Prise Salz
Mark einer ½ Vanilleschote
1 Eigelb (18 g)
90 g Mehl Type 550 oder 1050

Wiener Schokoboden:

75 g Butter
110 g Mehl Type 550
90 g Weizenstärkemehl
25 g Kakaopulver
4 Eier (250 g)
180 g Zucker
1 Prise Salz

Zum Bestreichen:

50 g Vollmilchkuvertüre

Kirschbelag:

400 g entkernte Kirschen
100 g Zucker
25 g Weizenstärkemehl

Kirschwassersahne:

4 Blatt Gelatine
2 EL Kirschwasser (30 ml)
50 g Zucker
350 g geschlagene Sahne

Schokosahne:

1½ Blatt Gelatine
15 g Halbbitterkuvertüre
2 TL Kirschwasser (10 ml)
150 g geschlagene Sahne

Zum Verzieren:

100 g Halbbitterkuvertüre
100 g geschlagene Sahne
14-16 Belegkirschen, möglichst ohne Farbstoff

1. Für den Mürbeteig alle Zutaten, bis auf das Mehl, in kühlem Zustand zu einer glatten Masse verkneten. Dann das Mehl vorsichtig unterarbeiten. Den Teig in Folie wickeln und kühl stellen, am besten über Nacht, dann läßt er sich besser weiterverarbeiten.

2. Für den Wiener Schokoboden eine Springform (28 cm Durchmesser) mit Backpapier auslegen. Die Butter schmelzen.
Mehl, Weizenstärkemehl und Kakaopulver mischen und sieben. Eier, Zucker und Salz unter Rühren im Wasserbad auf Körpertemperatur bringen. Herausnehmen und weiter schaumig schlagen. Das Mehl-Stärke-Kakaogemisch vorsichtig untermelieren. Zum Schluß die flüssige, abgekühlte Butter unterheben. Die Masse in die Springform füllen und im vorgeheizten Ofen bei 170 Grad 25-30 Minuten backen. In der Form auskühlen lassen.

3. Vom Wiener Schokoboden einen möglichst dünnen Boden abschneiden und auf 24 cm Durchmesser verkleinern. Dann einen zweiten, 1 cm dicken Boden abschneiden.

4. Den Mürbeteig ausrollen. Einen Boden von 26 cm Durchmesser ausstechen und in eine mit Backpapier ausgelegte Springform geben. Mehrmals mit einer Gabel einstechen und im vorgeheizten Ofen bei 160 Grad ca. 20 Minuten backen.

5. Den abgekühlten Mürbeteigboden mit aufgelöster Kuvertüre bestreichen, den dicken Wiener Schokoboden auflegen und in einen Tortenring einpassen.

6. Für den Belag die Kirschen mit dem Zucker erwärmen. Den entstehenden Saft (70 ml) abgießen und erkalten lassen. Anschließend mit dem Weizenstärkemehl anrühren. Die Kirschen aufkochen und mit dem angerührten Saft binden. Die Kirschen so auf dem Wiener Boden verteilen, daß ringsherum ein Rand von 1 cm frei bleibt.

7. Die Gelatine für die Kirschwassersahne einweichen. Gut ausdrücken, im Wasserbad auflösen und mit dem Kirschwasser und Zucker verrühren. Mit einem kleinen Teil der geschlagenen Sahne angleichen. Dann die restliche Sahne unterheben, in den Tortenring füllen und bis an den Rand glattstreichen. Den dünnen Wiener Boden auflegen und andrücken. Den Tortenring mit Küchenkrepp säubern.

8. Die Gelatine für die Schokosahne einweichen, ausdrücken und im Wasserbad auflösen. Mit aufgelöster Kuvertüre und Kirschwasser verrühren. Die Masse mit einem Viertel der geschlagenen Sahne angleichen, dann den Rest vorsichtig unterziehen. In den Tortenring füllen und mit einer Winkelpalette glattstreichen. Der Tortenring soll bis an den oberen Rand gefüllt sein. Die Torte für 2-3 Stunden kühl stellen.

9. Die Kuvertüre temperieren und dünn auf eine glatte Platte streichen. Bei Zimmertemperatur fest, aber nicht hart werden lassen. Dann mit einem Metallspachtel ruckartig von der Platte schieben.

10. Die Schwarzwälder Kirschtorte aus dem Ring schneiden. Auf der Tortenoberfläche um die Mitte einen Kreis von 20-22 cm Durchmesser markieren und mit den Kuvertürespänen bestreuen. Die Torte in 14-16 Stücke einteilen. Jedes Stück mit einem Sahnetupfen und einer Belegkirsche garnieren.

SAHNETORTE PERPIGNAN

Springform: 28 cm Ø

Baiserboden:

3 Eiweiß (100 g)
100 g feiner Zucker
100 g gemahlene, geröstete Mandeln

Schokoladencanache:

300 ml Sahne
40 g gehackte Halbbitter-kuvertüre
30 g gehackte Vollmilch-kuvertüre

Sandboden:

40 g Butter
190 g Marzipanrohmasse
6 Eigelb (110 g)
2 EL Wasser (30 ml)
Mark einer ½ Vanille-schote
1 Prise Salz
6 Eigelb (110 g)
100 g Zucker
25 g Weizenstärkemehl
80 g Mehl Type 550

Zum Tränken:

2 EL Zucker (30 g)
4 EL Wasser (60 ml)
40 ml Grand Marnier

Zum Bestreichen:

50 g Vollmilchkuvertüre

Vanillesahne:

½ Blatt Gelatine
150 ml Sahne
1 Päckchen Vanillezucker

Garniersahne:

1 Blatt Gelatine
200 ml Sahne
1 EL Zucker (15 g)

Zum Verzieren:

14 schöne Fruchtstücke, z. B. Mandarinen- oder Aprikosenspalten

1.-3. am Vortag.

1. Für den Baiserboden Eiweiß und Zucker im Wasserbad warm aufschlagen. Herausnehmen und weiter schaumig schlagen, bis die Masse festen Stand hat. Die Mandeln unterheben und mit der Masse einen dünnen Boden (28 cm Ø) auf ein mit Backpapier ausgelegtes Blech streichen. Die Restmasse kann man in einen Spritzbeutel füllen und damit kleines Baisergebäck auf Backpapier dressieren. Im vorgeheizten Ofen bei 80-90 Grad 3-4 Stunden trocknen lassen.

2. Für die Schokoladencanache die Sahne aufkochen und vom Herd nehmen. Die gehackte Kuvertüre unter Rühren darin auflösen. In eine Schüssel umfüllen und über Nacht, in einem sehr kalten Kühlschrank, anziehen und durchkühlen lassen.

3. Für den Sandboden eine Springform mit Backpapier auslegen. Die Butter schmelzen. Marzipanrohmasse, Eigelb, Wasser, Vanillemark und Salz schaumig rühren. In einer zweiten Schüssel Eigelb, Zucker und Weizenstärkemehl schaumig schlagen. Ein Drittel der Marzipanmasse zugeben und angleichen. Den Rest zusammen mit dem gesiebten Mehl unterheben. Zum Schluß vorsichtig die abgekühlte, flüssige Butter untermelieren. Die Masse in die Springform füllen und im vorgeheizten Ofen bei 170 Grad ca. 25 Minuten backen. In der Form auskühlen lassen.

4. Für die Tränke Zucker und Wasser aufkochen und zum Auskühlen auf ein großes Blech mit Rand schütten. Anschließend in eine Schüssel gießen und mit dem Likör mischen.

5. Den Baiserboden in einen Tortenring oder Springformrand (26 cm Ø) einpassen und mit der aufgelösten Kuvertüre bestreichen. Den Sandboden auflegen und 4 x mit der Tränke einpinseln. Der Boden soll gut durchtränkt sein. Die Schokoladencanache schaumig schlagen und mit einer Winkelpalette glatt auf den Sandboden streichen. Den Tortenring mit Küchenkrepp säubern und die Torte 2-3 Stunden kühl stellen.

6. Die Gelatine für die Vanillesahne einweichen. Sahne und Vanillezucker aufschlagen. Eine kleine Menge abnehmen und mit der gut ausgedrückten, im Wasserbad aufgelösten Gelatine verrühren. Mit einem Schneebesen unter die restliche Sahne ziehen. Die Torte mit der Vanillesahne auffüllen und 1-2 Stunden kühl stellen.

7. Die Garniersahne mit dem Zucker aufschlagen und, wie bei der Vanillesahne beschrieben, mit Gelatine stabilisieren. Die Perpignan-Torte mit der Sahne einstreichen, in 14 Stücke teilen und auf jedes Stück einen Sahnetupfen dressieren. Jeden Tupfen mit einem Fruchtstückchen verzieren.

Springform: 26 cm Ø

Buttermürbeteig:

60 g Butter
3 EL Puderzucker (30 g)
1 Prise Salz
Mark ½ Vanilleschote
1 Eigelb (18 g)
90 g Mehl Type 550

Wiener Boden:

50 g Butter
100 g Mehl Type 550
110 g Weizenstärkemehl
4 Eier (250 g)
180 g Zucker
1 Prise Salz

Zum Bestreichen:

50 g Vollmilchkuvertüre

Nußsahne:

160 g geröstete, gemahlene Haselnüsse
600 g geschlagene Sahne
4 Blatt Gelatine
Mark einer ½ Vanilleschote
50 g Zucker

Zum Eindecken:

400 g Marzipanrohmasse
etwas Puderzucker (zum Ausrollen)

Zum Verzieren:

100 ml Sahne
1 TL Zucker
14 Walnußhälften

LÜBECKER NUSS-SAHNETORTE

Die Herkunft ist schon universell. Ein Teil der Welt verinnerlicht in einer Torte: Kokos aus den Tropen, Zucker aus Indien, kandierte Früchte aus dem Orient, Schokolade aus der Schweiz und dazu aus Lübeck das Marzipan. Letzteres fand seine Erfüllung in dieser runden Pracht.

1. Für den Mürbeteig alle Zutaten, bis auf das Mehl, in kaltem Zustand zu einem glatten Teig verkneten. Das Mehl zum Schluß vorsichtig unterarbeiten. Den Teig kalt stellen, am besten über Nacht, dann läßt er sich besser weiterverarbeiten.

2. Für den Wiener Boden eine Springform mit Backpapier auslegen. Die Butter schmelzen. Mehl und Weizenstärkemehl mischen und sieben.

3. Eier, Zucker und Salz unter Rühren im Wasserbad auf Körpertemperatur bringen. Herausnehmen und weiter schaumig schlagen. Mehl und Weizenstärkemehl vorsichtig untermelieren. Zum Schluß die flüssige, nicht zu heiße Butter melieren. Die Wiener Masse in die Springform streichen und im vorgeheizten Backofen bei 170 Grad ca. 30 Minuten backen. In der Form auskühlen lassen.

4. Den Mürbeteig ausrollen. Einen Boden von 26 cm Durchmesser ausstechen und in eine mit Backpapier ausgelegte Springform geben. Mehrmals mit einer Gabel einstechen und im vorgeheizten Ofen bei 160 Grad ca. 20 Minuten backen.

5. Die Kuvertüre auflösen und den Mürbeteigboden damit bestreichen. Vom Wiener Boden einen dikken (1 cm) und einen möglichst dünnen Boden abschneiden. Den dicken Boden auf den Mürbeteigboden legen und in einen Tortenring einpassen. Den dünneren Boden rundherum um 1 cm verkleinern.

6. Die Haselnüsse vorsichtig unter die geschlagene Sahne heben. Die aufgelöste Gelatine mit Vanillemark und Zucker verrühren und mit etwas Sahne angleichen.

7. Die Hälfte der Masse auf den eingepaßten Böden verstreichen. Den dünnen Boden auflegen und mit der restlichen Nußsahne bestreichen.

8. Das Marzipan auf einen Durchmesser von ca. 40 cm ausrollen. Wenn ein Rollholz mit Riefung vorliegt, kann man damit dem Marzipan die typische Struktur verleihen. Die Torte aus der Form lösen, gleichmäßig mit der Marzipanplatte belegen und mit den Händen andrükken. Die überstehenden Ränder abschneiden, den Rand vorsichtig mit einer Teigkarte so andrücken, daß keine Risse und Falten entstehen.

9. Kurz vor dem Servieren Sahne und Zucker steif schlagen und 14 Tupfen auf die eingeteilte Torte dressieren. Auf jeden Tupfen eine Walnußhälfte legen.

SCHOKOLADENSCHNITTE

Variabler Metallrahmen: 23 x 26 cm

Wiener Schokoladenböden:

90 g Butter
180 g Mehl Type 550
150 g Weizenstärkemehl
105 g Kakaopulver
7 Eier (450 g)
360 g Zucker
3 Prisen Salz

Schokoladencreme:

275 ml Milch
1 Prise Salz
3 EL Zucker (45 g)
25 g Weizenstärkemehl
2 ½ EL Kakaopulver (15 g)
1 Eigelb (25 g)
55 ml Milch

Schokoladensahne:

4 Blatt Gelatine
55 g gehackte Halbbitterkuvertüre
3 EL Milch (45 ml)
450 g geschlagene Sahne

Glasur:

80 g Aprikosenkonfitüre
150 g Fondant
30 g gehackte Vollmilchkuvertüre
ca. 3 EL Milch (45 ml)

Marzipan-Elefant:

160 g Marzipanrohmasse
40 g Puderzucker
1 TL Kakaopulver (2 g)
20 g Kuvertüre

1. Die Butter schmelzen. Mehl, Weizenstärkemehl und Kakaopulver mischen und sieben. Eier, Zucker und Salz unter Rühren im Wasserbad auf Körpertemperatur bringen. Herausnehmen und weiter schaumig schlagen. Das Mehlgemisch vorsichtig untermelieren. Zum Schluß die flüssige, abgekühlte Butter melieren. Aus der Masse drei Wiener Schokoladenböden backen. Dafür jeweils ein Drittel der Masse auf einem mit Backpapier ausgelegten Blech verstreichen (24 x 27 cm) und im vorgeheizten Ofen bei 190 Grad 10-12 Minuten backen. Die Böden nach dem Backen auf ein sauberes Küchentuch stürzen, das Backpapier mit kaltem Wasser einpinseln und vorsichtig abziehen. Auskühlen lassen.
2. Einen Metallrahmen auf 23 x 26 cm einstellen und den ersten Boden einpassen.
3. Für die Schokoladencreme Milch und Salz aufkochen. Die übrigen Zutaten verrühren, in die kochende Milch geben und zu einer Creme abbinden. Sofort auf den im Rahmen liegenden Boden geben und mit einer Winkelpalette glattstreichen. Den Rahmen oberhalb der Creme mit Küchenkrepp säubern. Den zweiten Boden einpassen.
4. Die Gelatine für die Schokoladensahne einweichen. Die gehackte Kuvertüre auflösen und mit der handwarmen Milch verrühren. Die im Wasserbad aufgelöste Gelatine untermengen. Mit einem Viertel der geschlagenen Sahne angleichen, dann die restliche Sahne vorsichtig unterheben. Die fertige Masse in den Rahmen geben und glatt streichen. Die Schokoladenschnitte für 2-3 Stunden kühl stellen.
5. Während dieser Zeit den dritten Boden mit heißer Konfitüre aprikotieren und trocknen lassen.
6. Den Fondant im Wasserbad knapp auf Körpertemperatur erwärmen. Mit der aufgelösten Kuvertüre verrühren. Zum Schluß so lange mit handwarmer Milch verdünnen, bis die Glasur eine streichfähige, dickflüssige Konsistenz hat. Die Fondantglasur mit einer Palette gleichmäßig auf dem dritten Boden verstreichen.
7. Die Schokoladenschnitte mit einem Messer aus dem Rahmen lösen und diesen vorsichtig nach oben abziehen. Den Metallrahmen säubern, auf den glasierten Boden stellen und leicht andrükken. Mit einem erhitzten Messer am Abdruck entlangschneiden. Den Boden auf die Schokoladenschnitte legen.
8. Marzipanrohmasse, Puderzucker und Kakao verkneten, ausrollen und mit Hilfe einer Schablone einen Elefanten ausschneiden. Mit temperierter Kuvertüre verzieren und vorsichtig auf die Schnitte legen (s. S. 107).

Den Spaniern haben wir es zu verdanken, sie entführten die Schokolade aus Südamerika. Die zarte Folge: Eine neue edle Süße erobert Europa. Als Glasur, Schicht- oder Dekorsubstanz machte sie sich bei den Konditoren unentbehrlich. Dem Elefanten hat's sicher gefallen.

ZITRONEN-SAHNETORTE

Springform: 28 cm Ø

Baiserboden:

- *2 Eiweiß (50 g)*
- *100 g feiner Zucker*

Buttermürbeteigboden:

- *60 g Butter*
- *3 EL Puderzucker (30 g)*
- *1 Prise Salz*
- *Mark einer ½ Vanilleschote*
- *1 Eigelb (18 g)*
- *90 g Mehl Type 550 oder 1050*

Wiener Boden:

- *50 g Butter*
- *100 g Mehl Type 550*
- *110 g Weizenstärkemehl*
- *4 Eier (250 g)*
- *180 g Zucker*
- *1 Prise Salz*

Zum Bestreichen:

- *50 g Vollmilchkuvertüre*

Zitronensahne:

- *600 ml Sahne*
- *7 Blatt Gelatine*
- *180 g Zucker*
- *abgeriebene Schale von 2 unbehandelten Zitronen*
- *120 ml frisch gepreßter Zitronensaft*

Gelee:

- *1 Zitrone*
- *2 EL Agar-Agar-Flocken (3 g)*
- *3 TL Zucker (15 g)*
- *200 ml heller, klarer Fruchtsaft*

Zum Verzieren:

- *200 ml Schlagsahne*
- *100 g Vollmilchkuvertüre*

1. Am Vortag einen Baiserboden bereiten. Hierfür Eiweiß und Zucker im Wasserbad lauwarm aufschlagen. Herausnehmen und weiter schaumig schlagen. Ein Backblech mit Backpapier auslegen. Mit einem Spritzbeutel mit großer Lochtülle von der Mitte aus einen immer größer werdenden Kreis aufspritzen, bis der Durchmesser 24 cm beträgt. Den Baiserboden ca. 4 Stunden bei 100 Grad im vorgeheizten Ofen trocknen lassen.
2. Die Zutaten für den Mürbeteigboden, bis auf das Mehl, in kaltem Zustand zu einer glatten Masse verkneten. Dann das Mehl vorsichtig unterarbeiten. Den Teig in Folie wickeln und kalt stellen.
3. Für den Wiener Boden die Butter schmelzen. Mehl und Weizenstärkemehl mischen und sieben. Eier, Zucker und Salz im Wasserbad lauwarm aufschlagen. Herausnehmen und weiter schaumig schlagen. Das Mehl-Stärkegemisch untermelieren. Zuletzt die abgekühlte Butter melieren. Den Boden einer Springform mit Backpapier auslegen und den Teig einfüllen. Im vorgeheizten Backofen bei 170 Grad ca. 25 - 30 Minuten backen.
4. Den Mürbeteig auf 3 mm ausrollen und mit dem Springformrand einen Boden ausstechen. Die Springform mit Backpapier auslegen, den Boden einlegen, mehrmals einstechen und im vorgeheizten Backofen bei 160 Grad ca. 20 Minuten backen.
5. Den ausgekühlten Mürbeteigboden mit aufgelöster Kuvertüre bestreichen und in einen Tortenring einpassen. Vom Wiener Boden einen 1 cm dikken Boden abschneiden und auf den Mürbeteigboden legen.
6. Für die Zitronensahne die Sahne cremig aufschlagen. Die eingeweichte Gelatine gut ausdrücken und auflösen. Zucker, Zitronenschale und -saft (Zimmertemperatur) in eine Schüssel geben. Die Gelatine einlaufen lassen und mit einem Schneebesen kräftig unterrühren. Ein Viertel der geschlagenen Sahne untermischen. Dann die restliche Sahne vorsichtig unter die Zitronenmasse heben. Die Hälfte dieser Zitronensahne auf die Böden im Tortenring streichen, den Baiserboden darauf legen und die verbliebene Sahne bis an den Rand einfüllen. Glatt streichen und für mindestens ½ Stunde kühl stellen.
7. Für das Gelee mit einem Zestenreißer die Schale der Zitrone in feinen Streifen abziehen. Die Zitronenzesten mit Agar-Agar und Zucker in den Saft rühren. Aufkochen und unter ständigem Rühren bei geringer Hitze 3 Minuten köcheln lassen. Vor der weiteren Verwendung ziemlich abkühlen lassen.

8. Die Sahne zum Verzieren aufschlagen und ein wenig davon sehr dünn auf die Torte streichen. Wenn das Gelee fest zu werden beginnt, auf die Torte gießen und glattstreichen. Die Torte für 4-5 Stunden in den Kühlschrank stellen.
9. Die Kuvertüre auflösen und mit einem Teelöffel auf Wachspapier tropfen. Wenn die Schokoladenplätzchen fest sind, mit einem flachen Messer vorsichtig vom Papier lösen. Sie können gut auf Vorrat hergestellt werden.
10. Mit einem geraden Messer die Torte vom Ring lösen und den Ring vorsichtig nach oben abziehen. Den Tortenrand mit geschlagener Sahne einstreichen. 14 Tortenstücke markieren. Mit einem Spritzbeutel mit großer Lochtülle auf jedes Stück einen Sahnetupfen dressieren und mit einem Schokoladenplätzchen verzieren.

Tip: Den übriggebliebenen Wiener Boden kann man z.B. für eine Hüttenkäsetorte verwenden.

ERDBEER-SAHNETORTE

Springform: 28 cm Ø

Buttermürbeteigboden:

s. S. 96

Zum Bestreichen:

50 g Vollmilchkuvertüre

Walnußboden:

40 g Weizenstärkemehl
2 EL gehackte Walnüsse
100 g Marzipanrohmasse
1 EL Milch (15 ml)
2 Eiweiß (50 g)
50 g Zucker

Erdbeersahne:

4 EL Milch (60 ml)
100 g Zucker
3 Eigelb (60 g)
Saft und abgeriebene Schale einer ½ unbehandelten Orange und Zitrone
Mark einer ½ Vanilleschote
5 Blatt Gelatine
400 g Erdbeeren
500 ml Sahne

Zum Verzieren:

50 g gehackte Pistazien
200 ml Sahne
2 TL Zucker (10 g)

1. Nach Angabe auf S. 96 einen Buttermürbeteigboden backen.
2. Weizenstärkemehl sieben und mit gehackten Walnüssen mischen. Marzipanrohmasse mit Milch glattrühren. Eiweiß und Zucker cremig aufschlagen. Ein Viertel davon unter die Marzipanmasse rühren, danach den Rest untermelieren. Zum Schluß das Gemisch aus Walnüssen und Weizenstärkemehl zugeben und melieren. Den Boden einer Springform mit Backpapier auslegen, die Masse einfüllen und im vorgeheizten Ofen bei 180 Grad ca. 12-15 Minuten backen. Auskühlen lassen.
3. Den ausgekühlten Mürbeteigboden mit der aufgelösten Kuvertüre bestreichen. Den Walnußboden auflegen und beide Böden in einen Tortenring einpassen.
4. Für die Erdbeersahne Milch und Zucker aufkochen und mit dem Eigelb zur Rose abziehen. Den Saft und die abgeriebene Schale der Zitrusfrüchte sowie das Mark der Vanilleschote dazugeben. Die eingeweichte, gut ausgedrückte Gelatine unterrühren.
5. Erdbeeren waschen, putzen und 7 halbierte, kleine Früchte für die Garnierung beiseite legen. Die restlichen Erdbeeren in kleine Stücke schneiden. Die Sahne cremig aufschlagen und ein Viertel davon unter die Eigelbmasse rühren. Dann den Rest der Sahne vorsichtig unterheben und die Erdbeerstücke zugeben. Die Erdbeersahne gleichmäßig auf dem Tortenboden verteilen und glattstreichen. 2-3 Stunden gut durchkühlen lassen.
6. Die Sahne mit dem Zucker steif schlagen und einen Teil davon dünn auf die Torte streichen. Den Tortenring mit einem geraden Messer lösen und vorsichtig abheben.
7. Die Torte in 14 Stücke einteilen, mit gehackten Pistazien bestreuen und den Rand gleichmäßig mit Sahne einstreichen. Jedes Stück mit einem Sahnetupfen, einer halben Erdbeere und gehackten Pistazien verzieren.

HIMBEER-SAHNETORTE

Springform: 28 cm Ø

Buttermürbeteigboden:

60 g Butter
3 EL Puderzucker (30 g)
1 Prise Salz
Mark einer ½ Vanilleschote
1 Eigelb (18 g)
90 g Mehl Type 550 oder 1050

Wiener Boden:

50 g Butter
100 g Mehl Type 550
110 g Weizenstärkemehl
4 Eier (250 g)
180 g Zucker
1 Prise Salz

Zum Bestreichen:

50 g Vollmilchkuvertüre

Himbeersahne:

400 ml Sahne
300 g Himbeeren
140 g Zucker
1 TL frisch gepreßter Zitronensaft (5 ml)
6 Blatt Gelatine

Zum Verzieren:

200 ml Sahne
2 TL Zucker (10 g)
1 Blatt Gelatine
14 schöne, kleine Himbeeren

1. Für den Mürbeteig alle Zutaten, bis auf das Mehl, in kaltem Zustand zu einer glatten Masse verkneten. Zum Schluß das Mehl vorsichtig unterarbeiten. Den Teig in Folie wickeln und kalt stellen.
2. Für den Wiener Boden die Butter schmelzen. Mehl und Weizenstärkemehl mischen und sieben. Eier, Zucker und Salz im Wasserbad warm aufschlagen, herausnehmen und weiter schaumig schlagen. Das Mehl-Stärkegemisch vorsichtig unter die Eimasse heben, dann die abgekühlte Butter untermelieren. Den Boden einer Springform mit Backpapier auslegen, den Teig einfüllen und im vorgeheizten Ofen bei 170 Grad ca. 25-30 Minuten backen. Den fertigen Boden in der Form völlig auskühlen lassen. Einige Stunden ruhen lassen.
3. Den Mürbeteig auf 3 mm ausrollen und mit dem Springformrand einen Boden ausstechen. Die Springform mit Backpapier auslegen, den Boden einlegen, mehrmals mit einer Gabel einstechen und im vorgeheizten Backofen bei 160 Grad ca. 20 Minuten backen. Vom Wiener Boden einen 1 cm dicken Boden sowie einen zweiten, möglichst dünnen Boden, schneiden. Letzteren rundherum um 1 cm verkleinern. Beiseite legen.
4. Den ausgekühlten Mürbeteigboden mit aufgelöster Kuvertüre bestreichen. Den dicken Wiener Boden auflegen und in einen Tortenring einpassen.
5. Für die Himbeersahne die Sahne cremig aufschlagen. Die Himbeeren mit dem Zucker und Zitronensaft grob pürieren. Dann die eingeweichte, gut ausgedrückte Gelatine im Wasserbad auflösen und unter das Himbeerpüree rühren. Ein Viertel der geschlagenen Sahne untermischen. Anschließend den Rest der Sahne vorsichtig unterheben. Die Himbeersahne auf den Wiener Boden im Tortenring streichen, dann den zweiten, verkleinerten Boden auf die Himbeersahne legen.
6. Für die Verzierung die Sahne mit dem Zucker aufschlagen und mit der aufgelösten Gelatine stabilisieren. Die Torte mit einem Teil der Sahne auffüllen, glattstreichen und nochmals kurz kalt stellen.
7. Den Tortenring mit einem geraden Messer lösen und abheben. 14 Sahnetupfen auf die in Stücke eingeteilte Torte dressieren. Auf jeden Tupfen eine Himbeere setzen.

Tip: Der übrige Wiener Boden kann z. B. für eine Jamaica-Sahnetorte, eine Schwäbische Apfeltorte oder Kirschtorte verwendet werden. Tiefgefroren hält er sich für lange Zeit frisch.

HOLLÄNDISCHE KIRSCHTORTE

Blätterteig:

250 g Süßrahmbutter
250 g Mehl Type 550
135 ml Wasser
1 Prise Salz

Kirschkompott:

380 g entsteinte Schattenmorellen
90 g Zucker
25 g Weizenstärkemehl

Sahnefüllung:

3 Blatt Gelatine
2 EL Zucker (30 g)
Mark einer Vanilleschote
400 g geschlagene Sahne

Glasur:

2 ½ EL Johannisbeerkonfitüre (30 g)
80 g Fondant
20 g Butter
etwas Wasser oder Kirschwasser

Garniersahne:

1 Blatt Gelatine
3 TL Zucker (15 g)
200 g geschlagene Sahne

1. Die Herstellung des Blätterteiges siehe S. 149.
2. Aus dem fertigen Teig zwei Böden von 30 cm Durchmesser ausrollen. Die Böden auf ein kalt abgespültes Backblech legen und im vorgeheizten Backofen bei 200 Grad ca. 20 Minuten backen.
3. Aus den fertigen, ausgekühlten Teigplatten zwei Böden mit 26 cm Durchmesser ausschneiden. Einen Boden in einen Tortenring oder Springformrand einpassen.
4. Für das Kompott die Kirschen mit Zucker bestreuen und etwas Saft ziehen lassen. 4 EL Saft (60 ml) abnehmen und mit Weizenstärkemehl verrühren. Die Kirschen aufkochen und mit dem angerührten Saft abbinden. Das abgekühlte Kirschkompott auf den eingepaßten Boden streichen (bis 1 cm vor dem Rand).
5. Die eingeweichte, aufgelöste Gelatine mit Zukker und Vanillemark verrühren. Einen kleinen Teil der geschlagenen Sahne unterrühren. Dann den Rest der Sahne unterziehen. Die Sahne gleichmäßig in dem Tortenring verteilen, die Torte 2-3 Stunden kalt stellen.
6. Die Konfitüre aufkochen und den zweiten Boden dünn damit bestreichen. Abkühlen lassen, bis sich die Konfitüre nicht mehr klebrig anfühlt.
7. Fondant erwärmen (32 Grad), in kleine Stücke geschnittene Butter zugeben und unter Rühren auflösen. Mit etwas Wasser oder Kirschwasser so lange verdünnen, bis sich der Fondant leicht mit einer Palette auf dem glasierten Blätterteig verstreichen läßt. Nach 1-2 Stunden den Boden mit einem scharfen Sägemesser in Stücke teilen.
8. Die eingeweichte, aufgelöste Gelatine mit dem Zucker verrühren und schnell unter die Sahne ziehen. Die Torte in Stücke einteilen. Auf jedes Tortenstück eine Sahneraute dressieren und ein Stück glasierten Blätterteig anlegen.

JOHANNISBEER-MASCARPONE-TORTE

Springform: 28 cm Ø

Buttermürbeteigboden:

60 g Butter
3 EL Puderzucker (30 g)
1 Prise Salz
Mark einer ½ Vanilleschote
1 Eigelb (18 g)
90 g Mehl Type 550 oder 1050

Zum Bestreichen:

50 g Vollmilchkuvertüre

Mandel-Schoko-Boden:

2 Eigelb (36 g)
10 g Marzipanrohmasse
25 g gemahlene Mandeln
2 Eiweiß (66 g)
30 g Zucker
30 g Mehl Type 550
1 Prise Salz
2 EL feingehackte Halbbitterkuvertüre (25 g)

Johannisbeersahne:

380 g Johannisbeeren
100 g Zucker
6 Blatt Gelatine
325 ml Sahne

Mascarponesahne:

325 ml Sahne
70 g Zucker
1 Prise Salz
2 Eigelb (36 g)
abgeriebene Schale und Saft einer unbehandelten Orange
3 Blatt Gelatine
200 g Mascarpone

Guß:

90 ml heller, klarer Fruchtsaft oder Wein
1 EL Agar-Agar-Flocken (1,5 g)
2 TL Zucker (10 g)

Garniersahne:

200 ml Sahne

1. Für den Buttermürbeteig alle Zutaten, bis auf das Mehl, in kühlem Zustand zu einer glatten Masse verkneten. Dann das Mehl vorsichtig unterarbeiten. Den Teig in Folie wickeln und kalt stellen.
2. Den gut durchgekühlten Teig auf 3 mm ausrollen und mit dem Springformrand einen Boden ausstechen. Den Boden der Springform mit Backpapier auslegen, den Teig einlegen, mehrmals mit einer Gabel einstechen und im vorgeheizten Backofen bei 160 Grad 20 Minuten backen.
3. Eigelb, Marzipanrohmasse und Mandeln schaumig schlagen. Das Eiweiß mit dem Zucker cremig aufschlagen und unter die Eigelbmasse heben. Das gesiebte Mehl, Salz und die feingehackte Kuvertüre unter die Masse melieren. Den Boden einer Springform mit Backpapier auslegen und den Teig einfüllen. Im vorgeheizten Ofen bei 160 Grad ca. 10-14 Minuten backen. In der Form auskühlen lassen.
4. Für die Johannisbeersahne 350 g der vorbereiteten Beeren mit dem Zukker pürieren. Die Gelatine einweichen, gut ausdrücken, im Wasserbad auflösen und unter das Fruchtpüree rühren. Die Sahne cremig aufschlagen und ein Viertel davon untermischen. Die restliche Sahne vorsichtig unterheben.
5. Den Mürbeteigboden mit aufgelöster Kuvertüre bestreichen und in einen Tortenring einpassen. Den Mandel-Schoko-Boden auflegen. Die Johannisbeer-Sahne darauf geben und glattstreichen. Die Torte kühl stellen.
6. Für die Mascarponesahne 75 ml Sahne mit Zucker und einer Prise Salz erhitzen und mit dem Eigelb zur Rose abziehen. Den Saft und die abgeriebene Schale der Orange zusammen mit der eingeweichten und gut ausgedrückten Gelatine unterrühren. Mascarpone zufügen und glatt unterarbeiten. Die verbliebenen 250 ml Sahne aufschlagen und vorsichtig unterheben.
7. Die Mascarponesahne auf die Johannisbeersahne geben und glattstreichen. Die restlichen 30 g Johannisbeeren gleichmäßig verteilt aufstreuen. Die Torte nochmals mindestens 30 Minuten in den Kühlschrank stellen.
8. Für den Guß Saft, Agar-Agar und Zucker aufkochen. Unter Rühren 3 Minuten bei geringer Hitze köcheln lassen. Ziemlich abgekühlt über die Früchte gießen, anziehen lassen.
9. Den Rand der Torte mit steif geschlagener Garniersahne einstreichen. Die Tortenstücke markieren und mit Sahnetupfen garnieren.

Tip: Mit etwas aufgelöster Kuvertüre Ornamente auf Wachspapier spritzen. Nach dem Abkühlen vorsichtig vom Papier lösen und auf die Sahnetupfen setzen.

KLEINGEBÄCK

ORANGEN-MANDEL-TÖRTCHEN

Für ca. 12-14 Stück

Brioche- oder Kleinbackförmchen: 3 cm hoch

Für die Förmchen:

weiche Butter
gehobelte Mandeln

Marzipanmasse:

175 g Marzipanrohmasse
2 kleine Eier (100 g)
75 g Butter
2 EL Zucker (30 g)
abgeriebene Schale einer unbehandelten Orange
1 Prise Salz
2 TL Grand Marnier (10 ml)
2 EL Mehl Type 550 (20 g)

Zum Einlegen:

14 in Stücke geschnittene Orangenfilets

1. Die Brioche- oder Kleinbackförmchen einfetten und mit gehobelten Mandeln ausstreuen.
2. Die Marzipanrohmasse mit den Eiern glattarbeiten. Butter, Zucker, Orangenschale und Salz schaumig schlagen. Nach und nach den Likör zugeben. Die schaumige Butter unter die Marzipanmasse rühren. Das Mehl zusieben und untermelieren.
3. Ein Drittel der Mandelmasse mit einem Spritzbeutel (große Lochtülle) auf die vorbereiteten Förmchen verteilen. Die Orangenfilets auflegen und die Förmchen mit der restlichen Masse füllen. Im vorgeheizten Ofen bei 170 Grad ca. 20 Minuten backen. Anschließend auf ein Kuchengitter stürzen und in den Förmchen auskühlen lassen.

Tip: Die Törtchen können variiert werden, indem man die Orangenfilets durch Aprikosenstücke, frische Datteln, Feigen oder gebundene Kirschen (s. S. 56/57) ersetzt. Aber auch ganz ohne Füllung schmecken sie prima.

FRÜCHTEKUCHEN

Gugelhupfform: 1 l Inhalt

Für die Form:

etwas Butter
gehobelte Mandeln

Früchte:

200 g Sultaninen
60 g Zitronat
60 g Orangeat
30 g Belegkirschen
200 ml Rum

Teig:

60 g Nougat
60 g Halbbitterkuvertüre
200 g weiche Butter
160 g Zucker
40 g Marzipanrohmasse
2 Prisen Salz
Mark einer ½ Vanilleschote
Saft einer ½ Zitrone
3 Eier (170 g)
260 g Mehl Type 550
1 TL Backpulver (3 g)

1. Am Vortag die Früchte hacken, mit Rum beträufeln und durchziehen lassen.
2. Die Gugelhupfform fetten und mit gehobelten Mandeln ausstreuen.
3. Nougat und Kuvertüre kurz anfrieren lassen.
4. Butter, Zucker, Marzipanrohmasse, Salz und Vanillemark mit den Knethaken eines elektrischen Handrührgerätes glattarbeiten. Dann nach und nach den Zitronensaft und die verquirlten Eier unterrühren. Alle Zutaten müssen Zimmertemperatur haben. Zum Schluß das mit Backpulver vermischte und gesiebte Mehl untermelieren.
5. Kuvertüre und Nougat hacken. Zusammen mit den auf Küchenkrepp abgetropften Früchten vorsichtig unterheben. Die Masse in die vorbereitete Form geben und im vorgeheizten Ofen bei 150 Grad ca. 110-120 Minuten backen. Sollte die Oberfläche zu stark bräunen, ein Stück Pergament auflegen.
6. Nach dem Backen auf ein Kuchengitter stürzen und in der Form auskühlen lassen.

WEIHNACHTSKÜCHLEIN

Foto v. l. n. r.:

HONIGPLÄTZCHEN

PISTAZIENMARZIPAN

GRAND MARNIER-MARZIPAN

WILLIAMS CHRIST-MARZIPAN

MANDELNOUGAT MIT GEHACKTEN MANDELN

ZIMTSTERNE

NUSSNOUGAT MIT GEHACKTEN NÜSSEN

SAHNENOUGAT

Plätzchenteig:
für ca. 50 Stück

90 g Haselnüsse mit Haut, fein gemahlen
40 g Zucker
1 Eiweiß (20 g)
20 g fein geriebenes Orangeat
20 g Honig
1-2 EL gemahlene Haselnüsse zum Ausrollen

1. Pistazienmarzipan:

50 g Marzipanrohmasse
15 g fein gemahlene Pistazien
2 TL Mandellikör (10 ml)

Garnierung:

Mandelstücke

2. Grand Marnier-Marzipan:

50 g Marzipanrohmasse
2 TL Grand Marnier (10 ml)

Garnierung:

bunter Streuzucker

3. Williams Christ-Marzipan:

50 g Marzipanrohmasse
2 TL Williams Christ
15 g gehackte Walnüsse

Garnierung:

halbe Mandeln

4. Mandelnougat mit gehackten Mandeln:

50 g Mandelnougat
15 g gehackte Mandeln

Garnierung:

gemahlene Mandeln

5. Nußnougat mit gehackten Nüssen:

50 g Nußnougat
15 g gehackte Nüsse ohne Haut

Garnierung:

gehackte Nüsse

6. Sahnenougat:

60 g Sahnenougat

Garnierung:

temperierte Vollmilchkuvertüre

Zum Überziehen:

200 g Halbbitterkuvertüre
200 g Vollmilchkuvertüre

1. Alle Zutaten für die Plätzchen zu einem Teig verarbeiten und auf einer mit gemahlenen Nüssen bestreuten Arbeitsfläche ca. 5 mm dick ausrollen. Die Plätzchen rund, oval und eckig (ca. 3 cm groß) ausstechen und auf ein mit Backpapier ausgelegtes Blech geben. Im vorgeheizten Ofen bei 200 Grad 5-8 Minuten backen.
2. Die Füllungen (1-6) bereiten. Sie reichen jeweils für sieben Plätzchen.
3. Für die Marzipanfüllungen die jeweiligen Zutaten vermengen und mit einem Messer auf die Plätzchen streichen.
4. Für die Nougatfüllungen das Nougat auflösen, abkühlen lassen und kurz vor dem Erstarren die jeweils weiteren Zutaten unterrühren. Die Masse auf die Plätzchen streichen.
5. Für den Überzug je eine Kuvertüresorte temperieren und die jeweiligen Weihnachtsküchlein mit einer Pralinengabel in die Kuvertüre tauchen. Auf einem Überziehgitter abtropfen lassen. Außer bei dem Sahnenougat, die Garnierung vor dem Erstarren der Kuvertüre vornehmen.

ZIMT-STERNE

Für ca. 45 Stück

Teig:

250 g Mandeln, sehr fein gemahlen
2,5 TL Zimt (5 g)
250 g Zucker
3 Eiweiß (90 g)

Glasur:

1 Eiweiß (25 g)
125 g Puderzucker

Fürs zweite Ausrollen:

50 g Mandeln, sehr fein gemahlen

1. Mandeln mit Zimt mischen. Eiweiß und Zucker leicht erwärmen (40 Grad) und rühren, bis sich der Zucker gelöst hat.
2. Alle Zutaten zu einem Teig verkneten und für 2-3 Stunden kalt stellen, damit der Teig genügend Festigkeit erhält.
3. Den Teig zwischen zwei Folien ca. 8 mm stark ausrollen und in ein Gefriergerät stellen.
4. Für die Glasur Eiweiß und Puderzucker zu einem dickflüssigen Brei verrühren und mit einer Winkelpalette sehr dünn auf dem angefrorenen Teig verstreichen (einen Teil für das Glasieren der zweiten Menge aufbewahren). Den glasierten Teig nochmals kurz anfrieren, das erleichtert das Ausstechen.
5. Mit einem Förmchen Sterne ausstechen. Dabei so wenig Zwischenräume wie möglich lassen und die Ausstechform zwischendurch immer wieder in heißes Wasser tauchen.
6. Die Sterne auf ein mit Backpapier ausgelegtes Blech legen und im vorgeheizten Backofen bei 200 Grad ca. 8 Minuten backen.
7. Währenddessen die Teigreste verkneten. Dabei gemahlene Mandeln zufügen, um die Feuchtigkeit der Glasur auszugleichen. Mit dem neuen Teig genauso verfahren wie mit dem ersten.

DRESDNER STOLLEN

Für 2 Stollen à 800 g

Früchte:

500 g Rosinen
60 g Orangeat
30 g Zitronat
2 EL Rum (30 ml)
30 g Mandelsplitter

Vorteig:

100 ml Milch
50 g Hefe
50 g Honig
200 g Mehl Type 550

Hauptteig:

210 g kalte Butter
1,5 TL Salz (8 g)
80 g Marzipanrohmasse
die abgeriebene Schale einer ½ unbehandelten Zitrone
Mark einer ½ Vanilleschote
200 g Mehl Type 550

Fertigstellung:

260 g Butter
Zucker zum Wälzen des Stollens

1. Am Vortag Rosinen, Orangeat und Zitronat mischen, mit Rum beträufeln und durchziehen lassen. Nicht kalt stellen!
2. Für den Vorteig die Milch mit der Hefe und dem Honig verrühren. Das Mehl zugeben und durch starkes Kneten einen festen Teig erstellen. Abgedeckt, mit Mehl bestäubt im Kühlschrank gehen lassen, bis die Mehldecke stark gerissen ist.
3. Butter, Salz, Marzipanrohmasse, Zitronenschale, Vanillemark und Mehl zu einer glatten Masse verarbeiten.
4. Vor- und Hauptteig mischen und kneten, bis ein glatter Hefeteig entstanden ist.
5. Die Früchte und Mandelsplitter zügig und ohne viel Kneten unter den Teig mengen, damit sie nicht zerdrückt werden. Den Teig teilen, zu zwei Kugeln formen und 20 Minuten kühl stellen.
6. Die Teigkugeln jeweils in eine längliche Form (ca. 20 cm) bringen und erneut 20 Minuten kühl stellen. Die Ruhepausen sind wichtig, da sie ein Reißen des Hefeteiges verhindern.
7. Den Teigrollen die typische Stollenform geben: mit einem Rollholz ein Drittel der Rolle längs flachdrücken, nach oben klappen und andrücken.
8. Die Stollen werden im vorgeheizten Ofen 15 Minuten bei 200 Grad, dann weitere 45 Minuten bei 170 Grad gebacken.
9. Nach dem Backen die Stollen sofort mit 200 g zerlassener Butter bestreichen und in Zucker wälzen. Vorgang am nächsten Tag mit 60 g Butter und Zucker wiederholen. In Alufolie gewickelt und bei 10-12 Grad gelagert, ist dieser Stollen sehr gut haltbar. Er gewinnt mit der Zeit an Geschmack.

LEICHTER ADVENTS-STOLLEN

Früchte:

400 g Sultaninen
50 g Orangeat
2 EL Grand Marnier
(30 ml)

Vorteig:

200 ml Milch
70 g Hefe
250 g Mehl Type 550

Hauptteig:

350 g Butter
125 g Zucker
7 Eier (400 g)
4 Eigelb (80 g)
1 TL Salz (5 g)
abgeriebene Schale von
2 unbehandelten
Orangen
550 g Mehl Type 550

1. Am Vortag die Früchte mit Grand Marnier beträufeln und gut durchziehen lassen. Nicht kalt stellen!
2. Für den Vorteig die lauwarme Milch mit der Hefe verrühren und mit dem Mehl zu einem Teig verkneten. Anfangs ist der Teig sehr weich, nach längerem, kräftigem Kneten (ca. 10 Minuten) wird er jedoch fester. Abgedeckt bei Zimmertemperatur 20-30 Minuten ruhen lassen.
3. Den Vorteig mit den Zutaten für den Hauptteig mischen. Sehr gut durchkneten und 30 Minuten gehen lassen.
4. Den Teig durchkneten und zu einer Kugel formen. Erneut 30 Minuten gehen lassen.
5. Zum Schluß die eingeweichten Früchte einarbeiten, den Teig halbieren, zwei ovale Laibe mit glatter Oberfläche formen und auf ein mit Backpapier belegtes Blech legen.
6. Die Stollen an einer Seite der Länge nach ca. 1 cm tief einschneiden. Im vorgeheizten Ofen bei 160-170 Grad ca. 40 Minuten backen.

Hinweis:
Dieser besonders leichte Stollen ist zum baldigen Verzehr bestimmt, da er durch lange Lagerung nicht an Geschmack gewinnt.

Es gab eine Zeit, da galt die Weitergabe eines Rezeptes als mindestens so schwerwiegend wie Landesverrat. Solch ein Geheimnis machten die Dresdner um ihren Stollen. Einige wollten die Hefeteig-Spionage sogar mit hohen Geldstrafen belegt sehen. Posthum ein Dank an den, der sich "schuldig" gemacht hat. Diese Seiten sind gleich doppelt verräterisch. Sie zeigen unsere Version des Originals und eine marzipanlose Abwandlung.

KOPENHAGENER

Für ca. 15 Stück

Plunderteig:

250 g Butter
50 g Mehl Type 550
30 g Hefe
70 ml Milch
1 Prise Zucker
25 g weiche Butter
1 gestrichener
TL Salz (5 g)
etwas abgeriebene
Zitronenschale
1 Ei (60 g)
200 g Mehl Type 550

Zum Einstreichen:

1 Eigelb (18 g)
2 EL Milch (30 ml)

Zum Aprikotieren:

200 g Aprikosenkonfitüre

Zum Garnieren:

50 g gehobelte, geröstete Mandeln

1. Am Vortag Butter und Mehl verkneten und zu einem Ziegel formen. In Folie wickeln und kalt stellen.
2. Für den Hefeteig die Hefe in der Milch auflösen und mit den übrigen Zutaten kurz verkneten. Abgedeckt für 30 Minuten kühl stellen.
3. Den Teig auf einer leicht bemehlten Arbeitsfläche auf 12 x 24 cm ausrollen. Den Butter-Mehl-Ziegel auf eine Größe von 12 x 12 cm ausrollen und auf die linke Hälfte der Teigplatte legen. Die andere Hälfte überklappen und die Ränder gut verschließen.* Dieses Stück erneut ausrollen (18 x 36 cm) und mit einem Backpinsel jegliches Mehl abfegen. Sowohl die linke als auch die rechte Teigseite bis zur Mitte umklappen. Dann die umgeklappten Seiten übereinanderlegen, so daß der Teig 4 Schichten aufweist und 18 x 9 cm groß ist. Das Teigstück in Folie wickeln* und für 15 Minuten in den Kühlschrank legen. Anschließend den Vorgang zwischen den Sternchen wiederholen und den Teig 30 Minuten kalt stellen. Abschließend den Teig flach auf 30 x 50 cm ausrollen und in 15 Quadrate schneiden (10 x 10 cm).
4. Die Kopenhagener nach Rezeptvorgabe Seite 119 füllen und formen.
5. Eigelb und Milch verquirlen und auf die Kopenhagener streichen. Das Gebäck auf ein mit Backpapier ausgelegtes Blech geben und ca. 1 Stunde gehen lassen. Im vorgeheizten Ofen bei 220 Grad ca. 15 Minuten backen.
6. Die ausgekühlten Kopenhagener werden mit heißer Konfitüre aprikotiert und mit Mandeln bestreut.

NUSSPAN

Teig:

1 Rezept Plunderteig
s. S. 118

Nußpan-Füllung:

160 g Haselnüsse
80 g Puderzucker
3 EL Wasser (45 ml)
3 EL Rum (45 ml)

Zum Bestreuen:

100 g gehackte, geröstete Haselnüsse

1. Den Plunderteig, wie auf Seite 118 beschrieben, herstellen.
2. Für die Füllung die Haselnüsse fein mahlen und den Puderzucker zugeben. Mit den Knethaken des elektrischen Handrührgerätes Wasser und Rum unterrühen. Kalt stellen und fest werden lassen. Die Konsistenz soll geschmeidig, aber nicht flüssig sein.
4. Die Nußmasse mit etwas Wasser zu einer spritzfähigen Masse verdünnen. Mit einem Spritzbeutel jeweils auf die eine Hälfte der Teigstücke einen "U"-förmigen Strang dressieren und die gehackten Nüsse darüberstreuen. Die Teigstücke quer zusammenklappen und andrücken. Die Rechtecke quer vor sich hinlegen und jedes in der Mitte auf ¾ seiner Länge einschneiden. Die beiden losen Enden an den Spitzen zusammennehmen und umeinanderdrehen (180°).
5. Fertigstellung wie auf Seite 118 beschrieben.

VANILLE

Teig:

1 Rezept Plunderteig
s. S. 118

Vanillecreme:

200 ml Milch
75 ml Sahne
40 g Zucker
1 Prise Salz
½ Vanilleschote
1 Eigelb (18 g)
50 ml Milch
2 EL Weizenstärkemehl (18 g)

1. Den Plunderteig, wie auf Seite 118 beschrieben, herstellen, ausrollen und in 15 Quadrate schneiden.
2. Für die Vanillecreme Milch, Sahne, Zucker, Salz und die halbe Vanilleschote auf ca. 60 Grad erhitzen. Die Vanilleschote herausnehmen, das Mark auskratzen und in die Milch zurückgeben. Aufkochen lassen, von der Platte nehmen und unter Rühren mit der verquirlten Eigelb-Milch-Stärkemischung zur Rose abziehen.
3. Die handwarme Creme mit einem Spritzbeutel auf die Teigstücke dressieren. Die Teigränder leicht mit Wasser anfeuchten und den Kopenhagener zu einem Dreieck zusammenklappen. Wie auf Seite 118 beschrieben fertigstellen.

APRIKOSEN/ KIRSCH

Teig:

1 Rezept Plunderteig
s. S. 118

Vanillecreme:

130 ml Milch
50 ml Sahne
25 g Zucker
1 Prise Salz
½ Vanilleschote
1 Eigelb (18 g)
2 EL Milch (30 ml)
2 EL Weizenstärkemehl (18 g)

Obst:

15 Aprikosenhälften oder 400 g gebundene Kirschen (s. S. 56/57)

1. Den Plunderteig, wie auf Seite 118 beschrieben, herstellen, ausrollen und zuschneiden. Die Ecken der Teigstücke so nach innen klappen, daß in der Mitte ein Karo bleibt.
2. Für die Vanillecreme Milch, Sahne, Zucker, Salz und die halbe Vanilleschote auf ca. 60 Grad erhitzen. Die Vanilleschote herausnehmen, das Mark auskratzen und in die Milch zurückgeben. Aufkochen lassen, von der Platte nehmen und unter Rühren mit der verquirlten Eigelb-Milch-Stärkemischung zur Rose abziehen.
3. Die Vanillecreme mit einem Spritzbeutel in die Mitte der Teigstücke dressieren. Das Obst auflegen. Fertigstellung wie auf Seite 118 beschrieben.

ELSÄSSER GUGELHUPF

Gugelhupfform: 1,5 l Inhalt

Hefeteig:

250 g Butter
35 g Hefe
50 ml Milch
400 g Mehl Type 550
3 Eier (150 g)
50 g Zucker
1 gestr. TL Salz (5 g)
90 g Rosinen
30 g gehackte Mandeln

Tränke:

50 ml Wasser
60 g Zucker
25 g sehr fein gemahlene Mandeln
abgeriebene Schale einer ¼ unbehandelten Orange

Zum Bestreuen:

20 g gehobelte Mandeln

1. Die Butter schmelzen.
2. Die Hefe in der Milch auflösen. Zusammen mit dem Mehl, den Eiern, Zukker und Salz schnell zu einem Hefeteig verarbeiten. Zum Schluß die abgekühlte Butter einarbeiten und die Rosinen sowie gehackten Mandeln unterkneten. Mit Folie abdecken und für 2 Stunden in den Kühlschrank stellen.
3. Den Teig durchkneten, in eine gefettete Gugelhupfform geben und abgedeckt bei Zimmertemperatur 4-5 Stunden gehen lassen. Im vorgeheizten Ofen bei 190 Grad ca. 40 Minuten backen.
4. Für die Tränke alle Zutaten aufkochen, ca. 5 Minuten köcheln lassen, durch ein feines Sieb streichen und abkühlen lassen.
5. Den Gugelhupf nach dem Backen auf ein Kuchengitter stürzen und die Tränke mit einem Pinsel darauf verteilen. Mit gehobelten Mandeln bestreuen.

An der Diskussion um die Herkunft und die genaue Schreibweise wollen wir uns nicht beteiligen. Da hat der Gugelhupf wichtigere Lektionen zu erteilen – wie die von der richtigen Konsistenz und der Kombination seiner Zutaten. Diese hat sich mit Rosinen und Mandeln in eine unverwechselbare Form gebracht. Wirklich nur am Rande bemerkt: Er soll im Elsaß seinen Ursprung gehabt haben.

SASCHA

Für ca. 20 Stück

Makronen:

500 g Marzipanrohmasse
400 g nicht zu feiner Zucker
2 Eiweiß (60 g)

Canache-Creme:

400 ml Sahne
200 g Halbbitterkuvertüre

Glasur:

200 g Kuvertüre, wahlweise Vollmilch oder Halbbitter

1. Marzipanrohmasse und Zucker mit dem Eiweiß glattarbeiten. Die Masse darf nicht schaumig werden.
2. Damit die Masse eine feste, aber spritzfähige Konsistenz erhält, eventuell 1-2 EL Wasser zugeben.
3. Mit einem Spritzbeutel (große Lochtülle) 20 Makronen auf ein mit Backpapier ausgelegtes Backblech dressieren. Im vorgeheizten Ofen bei 160 Grad ca. 20-25 Minuten backen.
4. Für die Canache-Creme die Sahne aufkochen, die gehackte Kuvertüre dazugeben und sehr gut verrühren. Über Nacht im Kühlschrank durchkühlen lassen.
5. Die Creme am nächsten Tag schaumig schlagen und mit einer kleinen Palette Canache-Kegel auf die Makronen streichen. Für ca. 30 Minuten kühl stellen.
6. Die Kuvertüre für die Glasur temperieren und die Canache-Kegel (nicht die Makronen!) hineintauchen.

RAHMTÖRTCHEN

Für ca. 15-18 Stück

Briocheförmchen: 3 cm hoch

Füllung:

160 g Marzipanrohmasse
90 g Zucker
1 kleine Prise Salz
Mark einer ½ Vanilleschote
8 Eigelb (150 g)
1 Ei (75 g)
300 ml Sahne
45 g Mehl Type 550

Teig:

400 g Blätterteig nach dem Grundrezept S. 149 oder 1 Paket tiefgefrorener Blätterteig

Glasur:

200 g Fondant
20 g Butter
etwas Wasser oder Rum

1. Am Vortag die Füllung herstellen. Dafür Marzipan, Zucker, Salz und Vanillemark verkneten. Eigelb und Ei verquirlen und nach und nach unter die Marzipanmasse arbeiten. Zum Schluß die Sahne und das gesiebte Mehl zugeben. Die Masse darf auf keinen Fall schaumig werden, da sonst schlechte Backergebnisse erzielt werden. Die fertige Masse über Nacht kalt stellen.

2. Den fertig getourten Blätterteig auf eine Stärke von 3 mm ausrollen und über die aufgereihten, mit Wasser ausgespülten Förmchen legen. Den Rand abschneiden und die Förmchen mit dem Blätterteig auskleiden. Der Teig sollte etwas über den Rand stehen, da er sich beim Backen zusammenzieht. Die ausgekleideten Förmchen kalt stellen.

3. Die gut durchgekühlte Marzipanmasse in einen Spritzbeutel mit großer Lochtülle geben und die Förmchen zu ¾ damit füllen.

4. Ofen auf 230 Grad vorheizen, Törtchen bei 180 Grad 25 Minuten backen. Anschließend stürzen und in der Form auskühlen lassen.

5. Für die Glasur den Fondant erwärmen, mit Butter verrühren und mit etwas Wasser oder Rum so lange verdünnen, bis eine streichfähige, nicht zu flüssige Konsistenz erreicht ist.

6. Kurz vor dem Servieren die Törtchen aus den Formen nehmen und die Oberseite glasieren.

KAISER-TÖRTCHEN

Für ca. 15 Stück

Brioche- oder Kleinbackförmchen: 3 cm hoch

Buttermürbeteig (400 g):

120 g Butter
60 g Puderzucker
1 Prise Salz
Mark einer ½ Vanilleschote
2 Eigelb (30 g)
180 g Mehl Type 550 oder 1050

Füllung:

120 g Butter
100 g Zucker
4 Eigelb (70 g)
80 g fein gemahlene Mandeln
Mark einer ½ Vanilleschote
1 kleine Prise Salz

Zum Bestreuen:

40 g gehobelte Mandeln

1. Für den Buttermürbeteig alle Zutaten, bis auf das Mehl, in kühlem Zustand zu einer glatten Masse verkneten. Dann das Mehl vorsichtig unterarbeiten. Den Teig in Folie wickeln und kühl stellen, am besten über Nacht, dann läßt er sich besser weiterverarbeiten.
2. Die Förmchen, wie auf Seite 127 beschrieben, mit Buttermürbeteig auslegen.
3. Die Zutaten für die Füllung mischen, glattarbeiten und in einen Spritzbeutel mit großer Lochtülle geben. Die Förmchen zu ¾ mit der Masse füllen. Mit gehobelten Mandeln bestreuen und im vorgeheizten Ofen bei 175 Grad ca. 30 Minuten backen. Die Törtchen stürzen und in der Form auskühlen lassen.

MAKRONEN-TÖRTCHEN

Für ca. 15 Stück

Brioche- oder Kleinbackförmchen: 3 cm hoch

Teig:

400 g Buttermürbeteig (siehe Kaisertörtchen)

Füllung:

300 g Marzipanrohmasse
50 g Zucker
4 Eigelb (70 g)
50 ml Mandellikör

Zum Verzieren:

60 g geschälte, ganze Mandeln

1. Die Förmchen, wie auf Seite 127 beschrieben, mit Buttermürbeteig auslegen.
2. Die Zutaten für die Füllung mischen und glattarbeiten (nicht schaumig rühren). Die Masse in einen Spritzbeutel mit großer Lochtülle füllen und die Förmchen kuppelförmig zu ¾ damit füllen. Da die Makronenmasse sehr zäh ist, sollte man beim Spritzen der Masse darauf achten, daß sich immer nur eine kleine Menge vor der Tülle befindet. So geht es einfacher.
3. Die Makronentörtchen mit je vier Mandeln verzieren und im vorgeheizten Ofen bei 200 Grad ca. 30 Minuten backen. Anschließend stürzen und in der Form auskühlen lassen.

Die Liebe der Literaten zu den gebackenen Genüssen ist nachzulesen. Marcel Prousts epochale "Suche nach der verlorenen Zeit" nimmt ihren Anfang im erinnerungsträchtigen Duft frischer Madeleines. Der Baumkuchen in "seiner glücklichen Festigkeit" fand mit Theodor Fontane große Verbreitung. Was fehlte war ein Kapitel über kleine Törtchen aus Buttermürbeteig. Das ist jetzt hier geschrieben.

AUSLEGEN EINES FÖRMCHENS MIT MÜRBETEIG

1. Den Mürbeteig auf ca. 5 mm Stärke ausrollen und etwas größer als das Backförmchen ausstechen.

2. Die ausgestochene Teigplatte über die Form legen, vorsichtig hineingleiten lassen und leicht andrücken. Der Teig darf an keiner Stelle reißen, da sonst die Füllung ausläuft.

3. Die Törtchen mit der im jeweiligen Rezept angegebenen Masse nur zu ¾ füllen. So wird ein Überlaufen der Füllung verhindert.

4. Vor dem Backen werden die Törtchen je nach Rezeptvorgabe verziert.

SCHWEINSÖHRCHEN

Für ca. 20 Stück

Blätterteig:

250 g Süßrahmbutter
250 g Mehl Type 550
135 ml Wasser
1 Prise Salz

Zum Bestreuen:

150 g Zucker

1. Den Blätterteig nach der Anleitung auf Seite149 bereiten.
2. Bei der Herstellung der Schweinsöhrchen den Phasenfotos auf der gegenüberliegenden Seite folgen.
3. Die Schweinsöhrchen im vorgeheizten Ofen bei 190-200 Grad 15-18 Minuten backen. Nach ca. 9 Minuten, wenn die Oberseite schon gebräunt ist, ein zweites Backpapier auflegen und das Ganze umdrehen. Das Wenden der einzelnen Öhrchen würde zu lange dauern und das Gebäck zu stark abkühlen.
4. Auf dem neuen Papier backen, bis der Zucker karamelisiert ist und die Schweinsöhrchen schön gebräunt sind. Vom Backpapier lösen und schräg am Blechrand aufreihen, da sie sonst am Papier festkleben würden.

TIPS & TRICKS

HERSTELLEN VON SCHWEINSÖHRCHEN

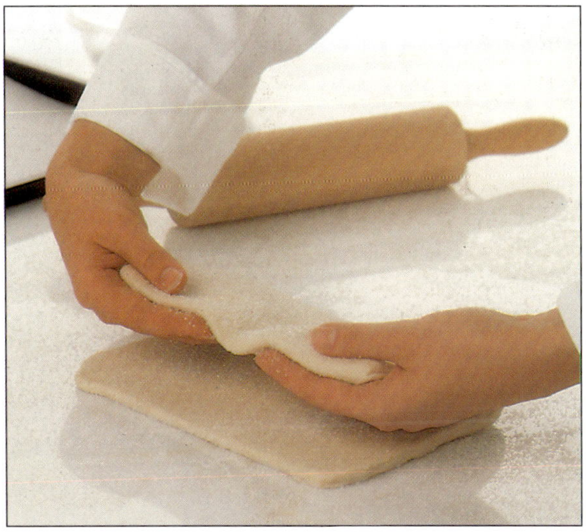

1. Den gut gekühlten Blätterteig auf einer kalten, mit Zucker bestreuten Platte auf 20 x 40 cm ausrollen. Mit Zucker bestreuen, auf die Hälfte klappen und kühl stellen.

2. Nach 15 Minuten den Teig erneut ausrollen (22 x 24 cm), mit dem restlichen Zucker bestreuen und, wie auf dem Foto gezeigt, vorsichtig zusammenlegen. Kühl stellen.

3. Wenn der Teig gut durchgekühlt und schnittfest ist, mit einem breiten Messer Schweinsöhrchen von 1-1,5 cm Stärke schneiden.

4. Die Schweinsöhrchen mit der Schnittfläche nach oben auf ein mit Backpapier versehenes Blech legen. Etwa 30 Minuten kühl ruhen lassen.

PRALINEN UND PETI

S FOURS

PISTAZIEN-GRAND MARNIER-PRALINEN

Auch die Confiserie hat ihre Poesie – die Pralinen. Verlockende Märchen, Engelzungen, Lust und Laster zugleich. Die Versuchung im nebenstehenden Rezept beginnt marzipanweiß und endet schokoladenschwarz. Sich ihrer Bedeutung bewußt, trägt sie eine Pistazien-Krone.

Für ca. 50 Stück

Boden:

120 g Marzipanrohmasse
30 g Puderzucker
50 g Halbbitterkuvertüre

Füllung:

300 g Marzipanrohmasse
75 ml Grand Marnier
45 g gemahlene Pistazien

Zum Überziehen:

300 g Halbbitterkuvertüre

Zum Verzieren:

50 Pistazienhälften

1. Die Marzipanrohmasse mit dem Puderzucker anwirken und auf eine Stärke von 1-2 mm ausrollen. Mit der aufgelösten Kuvertüre bestreichen und anziehen lassen. Umdrehen und 50 runde Pralinenböden mit einem Durchmesser von 2-2,5 cm ausstechen.
2. Alle Zutaten für die Füllung vermengen und glattarbeiten. Die Masse in einen Spritzbeutel mit Lochtülle Nr. 8 geben und kegelförmig auf die Pralinenböden spritzen.
3. Die Kuvertüre zum Überziehen temperieren. Die Pralinen auf eine Pralinengabel setzen und kurz in die Kuvertüre tauchen. Auf einem Überziehgitter oder aber auf Backpapier abtropfen lassen. Bevor die Kuvertüre anzieht, je eine Pistazienhälfte auflegen oder aber mit hellen Kuvertürestrichen verzieren.

WALNUSS-MARZIPAN-PRALINE

Für ca. 60 Stück

Pralinenmasse:

500 g Marzipanrohmasse
90 g gehackte, frische Walnüsse

Zum Überziehen:

500 g Vollmilch- oder Halbbitterkuvertüre

Zum Verzieren:

ca. 60 Walnußhälften

1. Die Marzipanrohmasse mit den feingehackten Walnüssen glattarbeiten. Dabei nicht zu lange kneten. Die Masse 1 cm dick ausrollen.

2. 50 g der Kuvertüre auflösen und mit einem Pinsel auf dem Marzipan verstreichen. Anziehen lassen.

3. Die Marzipanplatte stürzen und mit einem langen Messer erst in Streifen, dann in Rhomben schneiden.

4. Die restliche Kuvertüre temperieren. Die Pralinen mit einer Pralinengabel kurz in die Kuvertüre tauchen und auf einem Überziehgitter abtropfen lassen.

5. Bevor die Kuvertüre anzieht, die Walnußhälften auflegen.

MOKKA-CANACHE-PRALINE

Für ca. 50 Stück

Creme:

150 ml Sahne
60 g Zucker
2 Eigelb (30 g)
2 EL Pulverkaffee (6 g)
360 g Vollmilchkuvertüre

Zum Überziehen:

400 g Vollmilchkuvertüre

1. Die Sahne aufkochen. Zucker und Eigelb verrühren und die Sahne damit unter ständigem Rühren zur Rose abziehen.
2. Den Pulverkaffee untermischen und die im Wasserbad aufgelöste Kuvertüre einrühren.
3. Einen Tortenring (24 cm Ø) auf Backpapier setzen, die Creme einfüllen, glattstreichen und über Nacht kalt stellen.
4. Die Masse aus dem Ring schneiden, stürzen und das Papier abziehen. Mit 50 g aufgelöster Kuvertüre bestreichen. Anziehen lassen und zurückstürzen.
5. Mit einem Ausstecher, der immer wieder in heißes Wasser getaucht wird, Halbmonde ausstechen.
6. Die Pralinen partienweise (immer 4-5 Stück) fertigstellen. Die Kuvertüre zum Überziehen temperieren, die Praline kurz hineintauchen und zum Abtropfen auf ein Überziehgitter oder auf Backpapier setzen. Bevor die Kuvertüre anzieht, eine Pralinengabel leicht aufdrücken und wieder hochziehen. So entsteht eine schöne Verzierung.

PETITS FOURS

Grundrezept Marzipan-Biskuit:

40 g Butter
25 g Mehl Type 550
25 g Weizenstärkemehl
3 Eigelb (70 g)
20 g Marzipanrohmasse
Mark einer ½ Vanilleschote
1 Prise Salz
3 Eiweiß (100 g)
60 g Zucker

1. Die Butter schmelzen. Mehl und Weizenstärkemehl mischen und sieben.
2. Eigelb, Marzipanrohmasse, Vanillemark und Salz schaumig rühren.
3. Eiweiß und Zucker zu cremigem Schnee aufschlagen. Ein Viertel zur Eigelbmasse geben und angleichen. Den Rest zusammen mit dem Mehl-Stärkegemisch melieren. Zum Schluß die abgekühlte Butter unterheben. Die Masse auf ein mit Backpapier ausgelegtes Blech streichen (20 x 40 cm) und im vorgeheizten Ofen bei 190 Grad 7-9 Minuten backen.
4. Die Biskuitplatte auskühlen lassen und in drei gleich große Streifen schneiden.

Grundrezept Marzipanboden:

70 g Marzipanrohmasse
35 g Puderzucker, gesiebt
35 g Vollmilchkuvertüre

1. Marzipanrohmasse und Puderzucker anwirken und auf 1-2 mm ausrollen. Mit der aufgelösten Kuvertüre einstreichen.

NOUGAT PETIT FOUR

Für ca. 10 Stück

1 Streifen Marzipan-Biskuit (s. Grundrezept)
40 ml Sahne
160 g Nußnougat, dunkel
40 g Aprikosenkonfitüre
1 Marzipanboden (s. Grundrezept)

Fondant:

150 g Fondant
5 g Butter
etwas Wasser oder Rum

Garnierung:

30 g Sahnenougat

1. Den Biskuitstreifen dritteln.
2. Die Sahne aufkochen und auf Körpertemperatur abkühlen lassen.
3. Nougat schmelzen und mit der Sahne verrühren. Die Masse auf zwei der Biskuitstücke streichen, etwas anziehen lassen und aufeinandersetzen. Das dritte Stück mit der Unterseite nach oben auflegen und aprikotieren.
4. Den Marzipanboden herstellen, zuschneiden und mit der Marzipanseite auf den Streifen legen. Stürzen, aprikotieren und in Stücke schneiden (2,5 x 2,5 cm).
5. Den Fondant im Wasserbad erwärmen, mit der Butter verrühren und mit Wasser oder Rum verflüssigen.
6. Petits Fours mit Fondant überziehen. Anziehen lassen.
7. Mit temperiertem Sahnenougat kleine Rosetten aufspritzen.

CANACHE PETIT FOUR

Für ca. 20 Stück

Canache:

75 ml Sahne
1 EL Zucker (15 g)
25 g Butter
90 g gehackte Vollmilchkuvertüre
1 Streifen Marzipan-Biskuit (s. Grundrezept)

Zum Bestreichen:

50 g Vollmilchkuvertüre
20 g Aprikosenkonfitüre

Garnierung:

200 g Vollmilchkuvertüre
20 g Haselnüsse

1. Die Canache-Creme am Vortag bereiten. Hierfür Sahne und Zucker aufkochen, den Topf vom Herd nehmen und die Butter einrühren. Die Kuvertüre zugeben und schmelzen lassen. Kalt stellen.
2. Den Biskuitstreifen halbieren. Eine Hälfte mit aufgelöster Kuvertüre bestreichen und anziehen lassen. Umdrehen und aprikotieren. Die zweite Hälfte auflegen und andrücken.
3. Canache aufschlagen und auf das zusammengesetzte Biskuitstück streichen. In Stücke schneiden (2,5 x 2,5 cm) und kühl stellen.
4. Petits Fours mit temperierter Kuvertüre überziehen. Bevor sie anzieht, die Nüsse auflegen.

MARZIPAN PETIT FOUR

Für ca. 10 Stück

- *1 Streifen Marzipan-Biskuit (s. S. 136)*
- *150 g Marzipanrohmasse*
- *35 ml Grand Marnier*
- *40 g Aprikosenkonfitüre*
- *1 Marzipanboden (s. S. 136)*

Garnierung:

- *1 Rezept Fondant (s. Nougat Petit Four)*
- *kandierte Ananas*

1. Den Biskuitstreifen dritteln.
2. Marzipan und Grand Marnier glattarbeiten. Die Masse auf zwei der Biskuitstücke streichen. Aufeinandersetzen und andrücken. Das dritte Stück mit der Unterseite nach oben auflegen. Aprikotieren.
3. Den Marzipanboden herstellen, zuschneiden und mit der Marzipanseite auf den Streifen legen. Stürzen, aprikotieren und in Stücke schneiden (2,5 x 2,5 cm). Kandierte Ananas auflegen.
4. Petits Fours mit Fondant überziehen.

NUSS PETITS FOURS

Für ca. 40 Stück

Nußteig:

- *130 g Butter*
- *45 g Zucker*
- *25 g Mehl Type 550*
- *Mark einer ½ Vanilleschote*
- *1 Prise Salz*
- *2 Eier (100 g)*
- *85 g Zucker*
- *35 g gemahlene Nüsse*
- *75 g Mehl Type 550*
- *1 Msp. Backpulver*

Zum Belegen:

- *200 g Marzipanrohmasse*
- *100 g Puderzucker*
- *60 g Aprikosenkonfitüre*
- *50 g Halbbitterkuvertüre*

Walnuß-Masse:

- *135 g Marzipanrohmasse*
- *20 g fein gehackte Walnüsse*
- *30 ml Birnengeist*

Nußpan-Masse:

- *40 g Nußpan (s. S. 148)*
- *90 g Johannisbeerkonfitüre*
- *20 g Haferflocken*
- *40 g grob gehackte, geröstete Haselnüsse*

Fondant:

- *(s. Nougat Petit Four, doppeltes Rezept)*

Garnierung:

- *20 Walnußhälften*

1. Für den Nußteig Butter, Zucker, Mehl, Vanillemark und Salz kurz cremig schlagen.
2. Eier und Zucker cremig schlagen. Mit der Buttermasse verrühren. Nüsse, Mehl und Backpulver mischen und unterheben.
3. Teig in einem Metallrahmen (11 x 26 cm) im vorgeheizten Ofen bei 160 Grad ca. 30 Minuten backen.
4. Die Marzipanrohmasse mit dem Puderzucker anwirken, 1 mm stark ausrollen (11 x 26 cm) und auf den aprikotierten Nußboden legen. Mit aufgelöster Kuvertüre bestreichen. Das Ganze stürzen, aprikotieren und in 40 Stücke schneiden (2,5 x 2,5 cm).
5. Die jeweiligen Zutaten für die Walnuß- bzw. Nußpanmasse verrühren. Mit einem Spritzbeutel Tupfen auf die Petits Fours spritzen. Die Walnuß-Fours je mit einer halben Nuß belegen.
6. Petits Fours mit Fondant überziehen.

SCHWEIZER FOURS

Für ca. 50 Stück

Förmchen:

ca. 50 Aluminium-Pralinenkapseln

Teig:

175 g Marzipanrohmasse
2 Eier (100 g)
75 g Butter
40 g Zucker
abgeriebene Schale einer unbehandelten Orange
1 Prise Salz
2 TL Grand Marnier (10 ml)
2 EL Mehl Type 550 (20 g)

Sorte 1:

100 g Buttercreme (s. S. 148)
1 EL Zitronensaft (15 ml)
2 TL Zucker (10 g)
Garnierung:
gehobelte, geröstete Mandeln

Sorte 2:

100 g Buttercreme (s. S. 148)
2 EL Orangensaft (30 ml)
1 TL Zucker (5 g)
Garnierung:
100 g Fondant
5 g Butter
etwas Wasser oder Rum
kandierte Orangenschale

Sorte 3:

100 g Buttercreme (s. S. 148)
2 TL Orangenlikör (10 ml)
Garnierung:
100 g Fondant
5 g Butter
etwas Wasser oder Rum
kandierte Ananas

1. Marzipanrohmasse und Eier schaumig rühren.
2. Die restlichen Zutaten, bis auf das Mehl, leicht schaumig schlagen. Ein Drittel zu der Marzipanmasse geben und angleichen. Den Rest zusammen mit dem gesiebten Mehl melieren. Die Masse in einen Spritzbeutel (Lochtülle Nr. 10) geben und die Pralinenkapseln bis knapp unter den Rand füllen. Im vorgeheizten Ofen bei 160 Grad 12-14 Minuten backen.
3. Für die Sorten 1 und 2 jeweils die Zitrussäfte mit dem Zucker auf ⅔ einkochen, abkühlen lassen und unter die Buttercreme rühren. Für die dritte Sorte Schweizer Fours den Likör mit der Buttercreme verrühren.
4. Die verschiedenen Cremes jeweils in einen Spritzbeutel (Lochtülle Nr. 6) füllen und auf jede gebackene Fourkapsel einen zwiebelturmähnlichen Kegel dressieren.
5. Die Cremekegel der Sorte 1 in den gehobelten, gerösteten Mandeln drehen. Sorten 2 und 3 ca. 2 Stunden kalt stellen.
6. Für die Garnierung der Sorten 2 und 3 den Fondant im Wasserbad erwärmen, mit der Butter verrühren und mit etwas Wasser verflüssigen. Die Cremekegel eintauchen und mit den kandierten Früchten verzieren. Die Schweizer Fours bleiben bis zum Verzehr in den Alukapseln.

Tip: Die Fruchtstücke können auch vor dem Überziehen mit Fondant aufgelegt werden.

*Vom französischen Gastrosophen Anthelme Brillat-Savarin,
Verfasser der "Physiologie des Geschmacks",
stammen viele Zitate. Eins lautet: "Wer hoch hinaus will,
braucht lange zum Gipfel". Die Schweizer,
natürlich geübt, haben ihn hier gleich dreimal erklommen –
Aufstieg zu den Fours ihrer Art.*

SAHNETRÜFFEL

Förmchen:

30 Aluminium-Pralinenkapseln
150 g Vollmilchkuvertüre

Trüffelmasse:

100 ml Sahne
Mark einer ¼ Vanilleschote
80 g Butter
160 g gehackte Vollmilchkuvertüre

Zum Schließen:

75 g Vollmilchkuvertüre

Zum Verzieren:

etwas Vollmilchkuvertüre

1. Pralinenkapseln mit Kuvertüre auslassen (s. S. 143).
2. Die Sahne für die Trüfmasse aufkochen. Vanillemark und Butter unterrühren. Die Kuvertüre zugeben und die Masse glattrühren. In die Pralinenkapseln füllen und für 3-4 Stunden kühl stellen.
3. Die Kuvertüre temperieren, in einen Spritzbeutel mit kleiner Lochtülle füllen und die Pralinenkapseln schließen. Anziehen lassen.
4. Mit temperierter Vollmilchkuvertüre ein feinmaschiges Gitter auf die Sahnetrüffel spritzen.

NOUGAT NOBLESSE-TRÜFFEL

Förmchen:

45 Aluminium-Pralinenkapseln
225 g Vollmilchkuvertüre

Trüffelmasse:

150 ml Sahne
40 ml Milch
60 g Butter
Mark einer ½ Vanilleschote
270 g Mandelnougat, dunkel

Zum Schließen:

100 g Vollmilchkuvertüre

Zum Verzieren:

etwas weiße Kuvertüre

1. Pralinenkapseln mit Kuvertüre auslassen (s. S. 143).
2. Sahne und Milch aufkochen. Die Butter darin schmelzen. Vanillemark und gehacktes Mandelnougat unterrühren. Die Trüffelmasse in die Pralinenkapseln füllen und über Nacht kühl stellen.
3. Die Kuvertüre temperieren, in einen Spritzbeutel mit kleiner Lochtülle füllen und die Pralinenkapseln damit schließen. Anziehen lassen.
4. Mit temperierter weißer Kuvertüre Garnierstriche aufspritzen.

Diamant der Küche wird der Trüffel genannt. Damit ist der teuerste Pilz der Welt gemeint. Als zartschmelzendes Konfekt zeigt sich der Trüffel aber nicht weniger edel. Viel Sahne und Butter. Mandelnougat oder Kirschwasser steckt in ihm drin. Noblesse oblige – sein Name verpflichtet.

KAFFEE KIRSCH-TRÜFFEL

Förmchen:

50 Aluminium-Pralinenkapseln
250 g Halbbitterkuvertüre

Sahnefondant:

200 ml Sahne
200 g Zucker
40 ml Glukosesirup
50 ml Milch
2 TL Wasser (10 ml)
2 EL Pulverkaffee (6 g)

Trüffelmasse:

5 TL Milch (25 ml)
30 g Butter
200 g Vollmilchkuvertüre
100 ml Kirschwasser

Zum Schließen:

100 g Halbbitterkuvertüre

Zum Verzieren:

etwas Vollmilchkuvertüre

1. Pralinenkapseln mit Kuvertüre auslassen (s. S. 143).
2. Für den Fondant Sahne und Zucker unter Rühren aufkochen und bei mittlerer Hitze auf 109 Grad Celsius (Zuckerthermometer) bringen. Glukosesirup zugeben und auf 114 Grad Celsius erhitzen. Bei erreichter Temperatur den Topf kurz in kaltes Wasser stellen, um die Masse abzuschrecken. Den Fondant zum Auskühlen auf ein Blech mit Rand gießen.
3. Den Fondant im Wasserbad auf ca. 30 Grad erwärmen. Die Milch erhitzen, mit dem Wasser sowie Pulverkaffee vermischen und unter den Fondant rühren. Die Pralinenkapseln zu einem Drittel füllen. Kühl stellen.
4. Für die Trüffelmasse die Butter in der erhitzten Milch schmelzen. Den Topf von der Platte nehmen und die gehackte Kuvertüre in der Masse auflösen. Das Kirschwasser nach und nach langsam unterrühren. Die abgekühlte Masse auf den angezogenen Fondant gießen. Über Nacht kühl stellen.
5. Die Kuvertüre temperieren, in einen Spritzbeutel (kleine Lochtülle) füllen und die Pralinenkapseln damit schließen.
6. Die Trüffel mit aufgelöster Vollmilchkuvertüre stricheln.

Tip: Kirschwasser durch Irish Whiskey und Halbbitter- durch Vollmilchkuvertüre ersetzen. Gibt himmlische Irish Coffee-Trüffel.

TIPS & TRICKS

HERSTELLEN EINES MARZIPAN-NIKOLAUSES

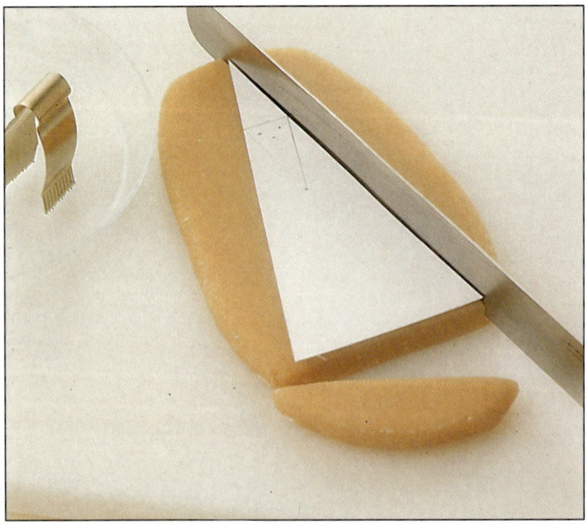

1. Mit Puderzucker angewirktes Marzipan 5 mm dick auf 7,5 x 15 cm ausrollen. Den Nikolaus mit Hilfe einer Schablone ausschneiden. Mütze und Bart markieren. Wanderstab (9 cm lang) modellieren.

2. Das Gesicht mit einem Marzipankneifer herausarbeiten. Figur und Wanderstab einzeln sehr dünn mit Eigelb bepinseln. Unter den Grillstäben des Ofens leicht bräunen. Gesicht und Mantel bleiben hell, da sie tiefer liegen.

3. Wanderstab auflegen und andrücken. Kandierte Fruchtstücke als Augen einsetzen.

ORNAMENTE SPRITZEN UND AUSLASSEN

1. Eine Vorlage von einem Bild abpausen und unter eine starke Klarsichtfolie legen. Die durchschimmernden Konturen mit temperierter Kuvertüre nachspritzen. Anziehen lassen.

2. Die zweite Sorte Kuvertüre temperieren und die Freiräume in dem Ornament damit auslassen. Anziehen lassen. Das Ornament vorsichtig stürzen und die Folie abziehen.

PRALINENKAPSELN AUSLASSEN

Die Aluminiumkapseln mit temperierter Kuvertüre füllen. Nach ca. 1 Minute auf ein Überziehgitter stürzen. 2-3 Minuten später zurückdrehen. Die Kuvertüre, die in dieser Zeit erstarrt ist, bleibt am Kapselrand haften.

Tip: Trüffel können statt in Alukapseln auch in Schoko-Hohlkugeln hergestellt werden. Diese werden mit Kuvertüre verschlossen und überzogen. Anschließend auf dem Überziehgitter hin und herrollen.

SPRITZEN EINES NAMENS AUF MARZIPANSCHILDER

Einen Namenszug oder Text auf Papier entwerfen. Die Vorlage auf das Marzipanschild (ca. 3 mm dick) legen und die Linien durchdrücken. Mit temperierter Kuvertüre nachspritzen.

FESTLICHES MIT FINESSE
DAS BUFFET DER BACKKUNST

- FRANZÖSISCHE WALNUSSTORTE
- ZITRONEN-ECLAIRS
- FLORENTINER
- PETITS FOURS
- SCHWEIZER FOURS
- NOUGAT PRALINE

  PISTAZIEN-GRAND MARNIER-PRALINE

  SAHNETRÜFFEL
- CARACAS-TORTE

Nur der erste Buchstabe fehlt. Sonst zeigt dieses Buffet das hohe Alphabet der Konditoren-Kunst. Vom B(aumkuchen) bis zum Z(itronen Eclair). Festliches, Feines, Raffiniertes, Kapriziöses und eine Pyramide mal nicht für Pharaonen.

- FRÜCHTEOMELETTES
- OBSTTORTE
- OBST-TORTELETTS
- CROQUEMBOUCHE
- NOUGATSTREIFEN
- BAUMKUCHENTORTE
- ORANGEN-ROSETTENTORTE
- VANILLESCHNITTE
- JOHANNISBEER-MASCARPONE-TORTE

ZITRONEN-ECLAIR

Für ca. 12 Stück

Brandmasse:

180 ml Milch
50 g Butter
1 Prise Salz
100 g Mehl
3 Eier (180 g)

Glasur:

100 g Aprikosenkonfitüre
150 g Fondant
30 g Butter

Zitronensahne:

4 Blatt Gelatine
60 ml frischer Zitronensaft incl. der abgeriebenen unbehandelten Zitronenschale
80 g Zucker
300 ml Sahne

1. Milch, Butter und Salz aufkochen, von der Herdplatte nehmen und das gesiebte Mehl mit einem Holzlöffel einrühren. Wieder auf die Platte stellen und die Masse abbrennen, bis sie sich vom Topf löst. Die Brandmasse auskühlen lassen. Dann nach und nach die Eier einarbeiten.

2. 12 Windbeutel auf Backpapier spritzen (Sterntülle Nr. 12) und im vorgeheizten Ofen bei 200 Grad ca. 20 Minuten backen. Anschließend in der Mitte durchschneiden und auskühlen lassen.

3. Die Windbeuteloberteile aprikotieren. Den Fondant erwärmen (30 Grad) und die Butter darin auflösen. Auf die Aprikotierung streichen.

4. Die Gelatine einweichen. Zitronensaft und Zucker erwärmen, die aufgelöste Gelatine zugeben und unterrühren. Die Masse mit einem Fünftel der cremig aufgeschlagenen Sahne angleichen. Die restliche Sahne unterheben.

5. Die unteren Hälften der Windbeutel mit der Zitronensahne füllen und die glasierten Oberteile aufsetzen.

NOUGATSTREIFEN

Wiener Boden:

30 g Butter
60 g Mehl Type 550
70 g Weizenstärkemehl
2 Eier (150 g)
120 g Zucker
1 Prise Salz

Buttercreme:

2 Eier (125 g)
100 g feiner Zucker
1 Prise Salz
250 g Süßrahmbutter
100 g Nußnougat, dunkel

Zum Eindecken:

150 g Marzipanrohmasse
50 g Puderzucker

1. Nach Anleitung auf Seite 94 einen Wiener Boden von 30 x 21 cm backen. In drei Streifen von 7 x 30 cm schneiden.

2. Die Buttercreme bereiten (s. S. 148). Nougat im Wasserbad auf ca. 26 Grad erwärmen und mit einem Fünftel der Buttercreme angleichen. Restliche Buttercreme untermengen.

3. Einen Kuchenstreifen mit einem Viertel der Creme bestreichen, den zweiten Streifen auflegen und ebenfalls mit einem Viertel Creme bestreichen. Den letzten Streifen auflegen und die so gefüllte Schnitte 1 Stunde kühl stellen.

4. Die Schnitte längs vor sich hinstellen und mit einem großen Messer schräg von den rechten oberen zu den linken unteren Ecken durchschneiden. Eine Kuchenhälfte auf die schmale Seite stellen und mit der Hälfte der restlichen Creme einstreichen. Die zweite Kuchenhälfte auf ihrer Schmalseite so ansetzen, daß die dreieckige Form entsteht. Die Ränder dünn mit Buttercreme bestreichen.

5. Das mit Puderzucker angewirkte Marzipan 2 mm dick ausrollen und den Streifen damit eindecken.

6. Mit der restlichen Creme quer Linien über den Streifen dressieren.

7. Der Nougatstreifen kann mit Mürbeteigherzen und Kuvertüreornamenten (s. S. 142) verziert werden.

KLEINE FLORENTINER

Für ca. 30 Stück

Hippenmasse:

20 g Marzipanrohmasse
2 EL Puderzucker, gesiebt (20 g)
2 TL Mehl Type 550 (6 g)
2 TL Milch (10 ml)
¼ Eiweiß (8 g)

Florentinermasse:

30 g Butter
2 EL Zucker (30 g)
1 EL Sahne (15 ml)
10 g Honig
10 g Succade
10 g Orangeat
20 g gehackte Mandeln
20 g gehobelte Mandeln

Zum Bestreichen:

200 g Halbbitterkuvertüre

1. Am Vortag für die Hippenmasse Marzipanrohmasse, Puderzucker und Mehl glattarbeiten. Milch und Eiweiß nach und nach zugeben. Dabei nicht schaumig rühren. Über Nacht ruhen lassen.
2. Hippenmasse auf ein mit Backpapier ausgelegtes Blech streichen (15 x 30 cm) und im vorgeheizten Ofen bei 160 Grad 3-4 Minuten hell anbakken.
3. Für die Florentinermasse alle Zutaten, bis auf die Mandeln, aufkochen und unter Rühren zwei Minuten kochen lassen. Die Mandeln untermischen und noch heiß vorsichtig auf die Hippenmasse streichen. Dabei einen Rand von 1 cm lassen, da die Masse verläuft. Bei 160 Grad weitere 10 Minuten backen. Noch heiß in Rechtecke (3 x 5 cm) schneiden und vom Papier lösen.
4. Die erkalteten Florentiner auf der Unterseite mit temperierter Kuvertüre bestreichen.

CROQUEMBOUCHE

Brandmasse:

180 ml Milch
50 g Butter
1 Prise Salz
100 g Mehl
3 Eier (180 g)

Cremefüllung:

1 großes Ei (80 g)
65 g feiner Zucker
1 Prise Salz
170 g Süßrahmbutter
100 ml Sahne
2 TL Kirschwasser (10 ml)

Zum Bestreichen:

30 g Aprikosenkonfitüre

Spinnzucker:

250 g Zucker
100 ml Wasser

1. Die Brandmasse, wie auf Seite 146 beschrieben, herstellen, in einen Spritzbeutel mit Sterntülle Nr. 4 geben und 24 kleine Windbeutel (Durchmesser knapp 3 cm) auf ein mit Backpapier ausgelegtes Blech spritzen. Im vorgeheizten Ofen bei 200 Grad ca. 20 Minuten backen. Anschließend sofort von jedem Windbeutel einen Deckel abschneiden.
2. Für die Füllung eine Buttercreme, wie auf Seite 148 beschrieben, bereiten. Die Sahne aufschlagen, die Creme nach und nach dazugeben und kurz weiterschlagen. Mit Kirschwasser aromatisieren.
3. Die ausgekühlten Windbeutel mit der Masse füllen und den jeweiligen Deckel auflegen.
4. Die Windbeutel auf einer Servierschale mit der aufgekochten Aprikosenkonfitüre zu einem Turm aufbauen.
5. Für den Spinnzucker Zucker und Wasser bis auf 147 Grad (Zuckerthermometer) erhitzen. Den Topf in kaltem Wasser abschrecken. Sehr vorsichtig arbeiten, da eine Zuckerlösung von 147 Grad schwere Verbrennungen verursachen kann! Eine große Gabel in die Zuckerlösung tauchen und durch schnelles Hin- und Herbewegen den Turm einspinnen.

Tip:
Croquembouche erst kurz vor dem Servieren einspinnen, da die Zuckerfäden sehr schnell die Feuchtigkeit der Luft aufnehmen und zerfallen.

NOUGAT-PRALINE

Für ca. 40 Stück

Masse:

200 g Marzipanrohmasse
200 g Nuß- oder Mandelnougat, dunkel

Zum Überziehen:

300 g Halbbitterkuvertüre

Zum Verzieren:

Wahlweise etwas Vollmilchkuvertüre, halbierte Mandeln oder halbierte Nüsse

1. Die Hälfte der Marzipanrohmasse auf 12 x 15 cm ausrollen. Einen verstellbaren Metallrahmen herumstellen.
2. Nougat auf ca. 25 Grad erwärmen. Mit einer Winkelpalette auf dem Marzipanboden verstreichen. Abgedeckt kurze Zeit kühl stellen. Das Nougat darf noch nicht ganz anziehen.
3. Die zweite Marzipanhälfte ausrollen (12 x 15 cm), in den Metallrahmen einlegen und leicht andrükken.
4. 50 g der Kuvertüre auflösen, auf dem Marzipan verstreichen und anziehen lassen. Das Ganze stürzen und in Pralinen von 1,5 x 3 cm schneiden.
5. Die restliche Kuvertüre temperieren, die Pralinen mit einer Pralinengabel eintauchen und auf einem Überziehgitter abtropfen lassen.
6. Zum Verzieren kurz vor dem Anziehen der Kuvertüre eine Mandel- oder Nußhälfte auflegen; oder aber mit aufgelöster Vollmilchkuvertüre ein „N" aufspritzen.

GRUNDMASSEN

VANILLE-CREME

Menge: ca. 500 g

260 ml Milch
100 ml Sahne
50 g Zucker
1 Prise Salz
½ Vanilleschote
1 großes Eigelb (25 g)
65 ml Milch
25 g Weizenstärkemehl

Für die Vanillecreme Milch, Sahne, Zucker, Salz und die halbe Vanilleschote auf ca. 60 Grad erhitzen. Die Vanilleschote herausnehmen, das Mark auskratzen und in die Milch zurückgeben. Aufkochen lassen, von der Platte nehmen und unter Rühren mit der verquirlten Eigelb-Milch-Stärkemischung zur Creme abbinden. Unter Rühren nochmals kurz erhitzen, bis zu dem Punkt, wo sich durch Pusten auf dem Kochlöffel eine Art Rose zeigt. Topf sofort von der Herdplatte nehmen, damit das Eigelb nicht gerinnt. Die Creme in eine kalte Schüssel umfüllen (s. Phasenfotos).

BUTTER-CREME

Menge: ca. 1000 g

4 Eier (250 g)
200 g feiner Zucker
2 Prisen Salz
510 g Süßrahmbutter

1. Eier, Zucker und Salz warm aufschlagen. Wenn die Masse etwa Körpertemperatur erreicht hat, aus dem Wasserbad nehmen und kaltschlagen.
2. Die zimmerwarme Butter so lange schlagen, bis sie weiß und sahnig ist (ca. 15 Minuten).
3. Die Butter mit der Eimasse angleichen und melieren.

NUSSPAN

Menge: ca. 150 g

80 g Nüsse mit Haut
40 g Puderzucker
20 ml Rum
20 ml Wasser

Die Nüsse fein mahlen und mit dem Puderzucker mischen. Mit den Knethaken des elektrischen Handrührgerätes Wasser und Rum unterrühren. Kalt stellen und fest werden lassen. Die Konsistenz soll geschmeidig, aber nicht flüssig sein.

BUTTER-MÜRBETEIG

Menge: 200 g

60 g Butter
3 EL Puderzucker (30 g)
1 Prise Salz
Mark einer ½ Vanilleschote
1 Eigelb (18 g)
90 g Mehl Type 550 oder 1050

1. Für den Buttermürbeteig alle Zutaten, bis auf das Mehl, zu einem glatten Teig verkneten. Dann das Mehl vorsichtig unterarbeiten.
2. Den Teig in Folie wikkeln und kalt stellen; am besten über Nacht, denn dann läßt er sich besser weiterverarbeiten.
3. Den Buttermürbeteig ca. 3 mm dick ausrollen. Mit einem Springformrand oder Tortenring einen Boden von 26 cm Durchmesser ausstechen. In eine mit Backpapier ausgelegte Springform geben und, damit er keine Blasen schlägt, mehrfach mit einer Gabel einstechen.
4. Im vorgeheizten Ofen bei 160 Grad ca. 20 Minuten backen.

BLÄTTERTEIG

250 g Mehl Type 550
250 g Süßrahmbutter
135 ml Wasser
1 Prise Salz

Für den Blätterteig das Mehl sieben, die eiskalte Butter in Würfel schneiden und mit dem Mehl vermengen. Das Wasser mit dem Salz zugeben und einen Teig erstellen, in dem die Butterwürfel noch nicht ganz zerstört sind. *Etwas Mehl auf den Tisch sieben und den Teig darauf zu einer Platte von 1 cm Stärke ausrollen. Die Seitenlängen verhalten sich 2:1 zueinander. Das überschüssige Mehl sowohl vom Teig als auch vom Tisch abfegen. Die halbe Teigfläche sehr sparsam mit kaltem Wasser bepinseln und den Teig der Länge nach zusammenklappen. Wieder anfeuchten und ein Viertel der Platte zur Mitte hin umklappen. Mit dem letzten Viertel ebenso verfahren. Die beiden Doppelseiten werden angefeuchtet und aufeinandergelegt. Der Blätterteig hat nun vier Schichten. Er wird mit Folie abgedeckt und für ca. eine halbe Stunde kühl gestellt.* Der zwischen den Sternchen beschriebene Vorgang wiederholt sich dreimal. Ist der Teig erst für den nächsten Tag gedacht, darf er nur dreimal „getourt" werden. Das letzte Mal erledigt man kurz vor Gebrauch. Beim Ausrollen des Blätterteiges müssen Sie unbedingt darauf achten, daß

- der Arbeitstisch kalt ist
- Sie mit Wasser und Streumehl sparsam umgehen, aber nicht weniger nehmen, als unbedingt nötig
- Sie mit dem Rollholz nie über den Rand hinausrollen, sondern ½ cm davor aufhören. Sie schieben den Teig, den Sie für die Erstellung einer Ecke oder eines geraden Randes an jener Stelle gebrauchen, mit dem Rollholz nur aus der Teigmitte dorthin.

WIENER BODEN

50 g Butter
100 g Mehl Type 550
110 g Weizenstärkemehl
4 Eier (250 g)
180 g Zucker
1 Prise Salz

1. Die Butter zerlassen, Mehl und Weizenstärkemehl mischen und sieben.
2. Eier, Zucker und Salz unter Rühren im Wasserbad auf Körpertemperatur bringen, herausnehmen und weiter schaumig schlagen.
3. Das Mehl-Stärkegemisch vorsichtig unter die Eimasse melieren.
4. Zum Schluß die abgekühlte Butter unterziehen.
5. Die Masse in eine mit Backpapier ausgelegte Springform füllen und im vorgeheizten Ofen bei 170 Grad 25-30 Minuten bakken.
6. In der Form auskühlen lassen.

GRUNDMASSEN

HERSTELLEN EINER MARZIPAN-KAKAO-SANDMASSE

1. Für die Herstellung einer glatten Ausgangsmasse ist es wichtig, daß beim Verkneten von Marzipanrohmasse und Eigelb das Eigelb nach und nach zugegeben wird.

2. Die Masse anschließend mit den Schneebesen eines elektrischen Handrührgerätes schaumig rühren.

3. Eiweiß und Zucker zu einem cremigen Schnee aufschlagen. Fingerprobe: man taucht den Finger in das Eiweiß und hält ihn dann nach oben. Neigt sich die Eiweißspitze leicht nach unten, ist das Eiweiß richtig aufgeschlagen.

4. Ein Drittel des Eischnees mit der Marzipan-Eigelbmasse angleichen.

5. Mehl und Kakao mischen, sieben und zusammen mit dem restlichen Eischnee melieren.

6. Erst ganz zum Schluß wird die aufgelöste, aber bereits abgekühlte Butter vorsichtig untergehoben.

1
2
3
4
36
30 cm
5
6
37
7
38
39
11
8
9
45
37
10
42
15
16
17
18
19
20
21
22
12
13
14
24
25
26
23
29
48
27
28
32
31
30
33

WOMIT PROFIS BACKEN

1. Kammhorn, zum Garnieren von Tortenüberzügen
2. Hörnchen oder Teigkarte, zum Auskratzen und Glattstreichen von Massen und Cremes
3. Torteneinteiler, eine Seite 14 und eine Seite 16 Stücke
4. Tortenringe, fest und in der Größe verstellbar
5. Spitzmesser, Universalmesser
6. Butter-Ziermesser, auch zum Schneiden von Obst
7. Filiermesser, mit weicher, schlanker Klinge; zur Herstellung von Orangenfilets
8. Kleines Sägemesser, zur Obstverarbeitung
9. Kerngehäuse-Ausstecher
10. Modellierwerkzeug für Marzipan, nur im Fachhandel
11. Marzipankneifer, mit geriefter Arbeitsfläche, nur im Fachhandel
12. Metall- oder Backspachtel, für die Herstellung von Kuvertürespänen
13. Kugelausstecher, für die Herstellung von Melonenbällchen
14. Zestenreißer, für die Herstellung von Zitrusschalenstreifen
15. Breite Palette
16. Tortenmesser, mit Säge und glatter Klinge
17. Winkelpalette, mit stabiler, breiter Klinge
18. Palette mit stabiler Klinge
19. Winkelpalette mit stabiler Klinge
20. Langes Brotschneidemesser (32 cm Klinge), mit und ohne Säge, zum Durchschneiden von Tortenböden
21. Rühr- oder Schneebesen aus Edelstahl
22. Zuckerwaage, zur Bestimmung der Dichte einer Zuckerlösung
23. Schneidegerät, für Wiener oder ähnliche Böden
24. Sparschäler, zum Schälen von Kiwis und Kernobst
25. Digital-Waage, 1-1000 Gramm, batteriebetrieben
26. Brioche-Förmchen für Törtchen
27. gewellte Rundausstecher
28. Edelstahl- oder Cromargankessel mit rundem Boden und Abstellfuß, zum Melieren von Massen und Schlagen von Sahne
29. Glasschüssel, ofenfest
30. Pralinen-Überziehgitter
31. Pralinenbesteck, Rundgabel für Trüffel, 3-Zack zum Überziehen von Pralinen sowie zum Garnieren der Kuvertüre
32. Rundausstecher
33. Tortelett-Schiffchen
34. Schüsseln aus Kunststoff
35. Cromargan-Schüsseln
36. Spritzbeutel in fester Qualität und mindestens zwei Größen
37. Satz Sterntüllen aus Edelstahl, Größe 1-12
38. Satz Lochtüllen aus Edelstahl, Größe 00-16
39. Schneebesen
40. Knethaken
41. Metallsieb mit feiner Porung
42. Teigschaber oder Gummispatel, zum Melieren kleiner Massen, zum Ausleeren von Schüsseln
43. Elektrisches Handrührgerät
44. Casserole mit schwerem Kupferboden
45. Zuckerthermometer mit Gradzahl in Reaumur und Celsius (Umrechnung von C nach Reaumur: 100° C: 5 x 4 = 80° R)
46. Backblech aus Weißblech
47. Backblech aus Schwarzblech
48. Rollholz aus Holz, mit Kugellagerung
49. Backpinsel in zwei Größen
50. Cromargan-Backform für Obsttorten

* Gugelhupfform, auch Pufferform genannt
* Kastenform
* Charlotte-Förmchen
* Savarin-Form
* Springform
* Variabler Metallrahmen, eckig
* Aluminium-Pralinenkapseln
* Kuchengitter
* Tortenscheibe
* Meßbecher
* Haushaltsfolien
* Backpapier

LEXIKON

ABBRENNEN

auch abrösten. Einen Teig (Brandteig) so lange bei mittlerer Hitze rühren, bis die Masse einen Kloß bildet, sich vom Topfrand löst und der Topfboden von einem weißen Film überzogen ist.

AGAR-AGAR

ist ein pflanzliches Geliermittel, das aus Algen hergestellt wird. Seine Gelierkraft ist um ein Vielfaches größer, als die von Gelatine. Agar-Agar wird in verschiedenen Formen angeboten: als Stangen, vierkantige Stücke, Blätter, Körner, Flocken und Pulver. Alle sind in der Dosierung und Zubereitungsweise unterschiedlich, deshalb immer die Angaben auf der Packung berücksichtigen. Agar-Agar wird erst beim Abkühlen fest!

ANGLEICHEN

Will man zwei in ihrer Konsistenz oder Temperatur verschiedene Massen mit bestem Ergebnis mischen, so gleicht man an. Dabei wird die eine Masse mit nur einem kleinen Teil der zweiten Masse verrührt und so „angeglichen", bevor man die zweite Masse ganz meliert.

APRIKOTIEREN

heißt: mit aufgekochter Aprikosenkonfitüre bestreichen.

BACKPAPIER

wird zum Auslegen von Backformen und Blechen benutzt, damit der Teig nicht anklebt. Damit das Backpapier beim Einfüllen oder Aufstreichen des Teiges nicht verrutscht, bietet es sich an, die Form oder das Blech mit Butter zu betupfen, bevor das Papier aufgelegt wird.

BACKTEMPERATUREN

Die in diesem Buch angegebenen Backtemperaturen beziehen sich auf einen konventionellen Elektroherd. Für Umluftherde gilt als Faustregel eine 15 % niedrigere Temperatur. Da aber auch Umluftherde recht unterschiedlich backen können, beachten Sie bitte unbedingt die Herstellerangaben.

CANACHE-CREME

eine schmelzende, zarte Creme aus frischer Sahne und Schokolade (französisch: ganache). Die Sahne wird erhitzt, die Schokolade darin geschmolzen und über Nacht kühl gestellt. Anschließend wird die kalte Masse mit einem elektrischen Handrührgerät 10-15 Minuten zu einer dicken, schaumigen Creme aufgeschlagen. Ganz wichtig: Keine ultrahocherhitzte, haltbare Sahne verwenden.

DRESSIEREN

ist das Ausformen von Massen oder Cremes mit einem Spritzbeutel (Dressierbeutel).

EIER

Angeboten werden ausschließlich Eier der Güteklasse „A", d.h. frische Eier. Sie werden in verschiedene Gewichtsklassen unterteilt.

Klasse 1: 70 g und mehr	Klasse 5: 50 bis 55 g
Klasse 2: 65 bis 70 g	Klasse 6: 45 bis 50 g
Klasse 3: 60 bis 65 g	Klasse 7: unter 45 g
Klasse 4: 55 bis 60 g	

Bei einem durchschnittlichen Ei von 57 g entfallen ca. 33 g auf das Eiweiß, 18 g auf das Dotter und 6 g auf die Schale. Um in den Rezepten möglichst genaue Mengen anzugeben, werden für Eier, Eiweiß und Eigelb zusätzlich Grammangaben gemacht.

EINSCHUBLEISTEN

Die Höhe des Gebäckes entscheidet über die Einschubleiste. Die Mitte des Gebäcks sollte sich in der Mitte des Backofens befinden, d. h., je flacher das Backgut, um so höher wird es eingeschoben.

FONDANT

Eine weiße, zartschmelzende Zuckermasse. Grundlage vieler Konfektsorten oder Glasuren. Fondant kann man formen, schmelzen, färben und aromatisieren. Geschmolzen wird Fondant im Wasserbad unter ständigem Rühren. Für eine Glasur verdünnt man ihn mit etwas aufgelöster Butter und heißem Wasser, Fruchtsaft oder Likör so lange, bis er eine streichfähige Konsistenz hat.

GLUKOSESIRUP

ist ein nicht kristallisierender Stärkesirup, der bei der Süßwarenherstellung Verwendung findet. Kann notfalls bei den Trüffelrezepten in diesem Buch 1:1 durch Läuterzucker ersetzt werden. Dann sind die Trüffel allerdings zum baldigen Verzehr bestimmt. Läuterzucker kristallisiert bereits nach wenigen Tagen, was bei Trüffelfüllungen nicht erwünscht ist.

KAPSELN

werden aus Wiener Masse bereitet, die auf rechteckige Backbleche aufgestrichen werden. Ausgangspunkt für eine Biskuitroulade oder -schnitte.

KUVERTÜRE

Eine sehr reine Schokolade mit hohem Kakaobutteranteil. Sie schmilzt klümpchenfrei und ist daher besonders gut für Glasuren oder gespritzte Verzierungen geeignet. Kuvertüre ist temperaturempfindlich; überhitzte Kuvertüre wird beim Erstarren stumpf und bildet graue Streifen. Der Handel bietet überwiegend Halbbitter-, Vollmilch- und weiße Kuvertüre an. Kuvertüreglasuren können beim Anschnitt splittern. Deshalb sollte überzogenes Gebäck mit einem erhitzten Messer in Stücke eingeteilt werden bevor die Kuvertüre völlig erstarrt ist.

KUVERTÜRE TEMPERIEREN

Wenn Böden mit Kuvertüre bestrichen werden sollen, um das Durchfeuchten zu verhindern, genügt es, die Kuvertüre im Wasserbad aufzulösen. Für glänzende, gut haftende Überzüge muß die Kuvertüre vorsichtig temperiert werden. Dafür die Kuvertüre fein hacken und 3/4 davon unter Rühren im heißen, nicht kochenden Wasserbad schmelzen. Schon bevor sich alles aufgelöst hat, kann die Kuvertüre aus dem Wasserbad genommen werden, denn der Rest löst sich von allein in der warmen, geschmolzenen Masse. Wenn sich alles gelöst hat, wird die restliche Kuvertüre nach und nach untergerührt, bis die Masse einen zähfließfähigen Zustand erreicht hat. Die Temperatur in diesem Moment sollte ca. 32 Grad betragen, eine Probe an der Unterlippe fühlt sich leicht kühl an.

LÄUTERZUCKER

500 ml Wasser mit 500 g Zucker aufkochen und so lange köcheln lassen, bis sich der Zucker völlig gelöst hat. Läuterzucker läßt sich gut auf Vorrat herstellen, denn er ist fast unbegrenzt haltbar. Dafür in Flaschen abfüllen und gut verschließen.

MARZIPANROHMASSE

besteht zu zwei Dritteln aus abgezogenen, fein geriebenen Mandeln und einem Drittel Kristallzucker. Aromatisiert wird die Masse mit einigen Tropfen Rosenwasser und einer Spur Bittermandelöl. Zum Ausrollen oder Modellieren von Figuren wird Marzipanrohmasse mit bis zu 50 % Puderzucker angewirkt.

MASCARPONE

ist ein italienischer Frischkäse der Doppelrahmstufe.

MASSANGABEN

In diesem Buch werden folgende Maßangaben verwendet:

g	= Gramm
ml	= Milliliter
Msp	= Messerspitze
EL	= gestrichener Eßlöffel
TL	= gestrichener Teelöffel
Prise	= Die Menge, die sich zwischen zwei Fingerspitzen fassen läßt.

Umrechnungstabelle für Flüssigkeiten:

100 ml	= 0,1 l	500 ml	= 1/2 l
125 ml	= 1/8 l	1000 ml	= 1 l
250 ml	= 1/4 l	1 ml	= 1 g

Richtwerte: Ein normaler, gestrichener Eß- oder Teelöffel enthält:

Lebensmittel	EL	TL
Mehl	10 g	3 g
Weizenstärkemehl	9 g	3 g
Zucker	15 g	5 g
Kakaopulver	6 g	2 g
Puderzucker	10 g	3 g
Milch	15 g	5 g
Honig	20 g	6 g

MELIEREN

heißt: mischen, vermengen, unterrühren.

ROSE ABZIEHEN

Fachausdruck der Konditoren, der die gewünschte Konsistenz einer Creme beschreibt, deren Bindung auf Eigelb beruht. Das Eigelb wird unter ständigem Rühren bei geringer Hitze oder im Wasserbad in die Flüssigkeit gegeben. Dann taucht man einen Holzlöffel kurz in die Creme und pustet auf die daran haftende Creme. Wenn sie rosettenartig auseinanderfließt und in dieser Form erstarrt, ist die Konsistenz richtig.

TOUREN

ist das mehrfache Ausrollen und Zusammenlegen von Plunder- oder Blätterteig. Durch das Touren entsteht ein Teig, der sich durch zahlreiche Teig- und Fettschichten auszeichnet. Beim Backen entweicht das im Fett enthaltene Wasser und treibt den Teig Schicht für Schicht zu einem blättrig gelockerten Gebäck in die Höhe.

REGISTER

EIN GENÜSSLICHER STREIFZUG DURCH 35 DEUTSCHE LANDSCHAFTEN

Jeweils 7 typische Rezepte aus 35 deutschen Landschaften lassen die traditionelle Küche Deutschlands in neuem Licht erscheinen. Die Illustrationen und meisterhaften Fotos zeigen schon beim Lesen, wie vielfältig der Speisezettel in Deutschland ist.
Der Autor Wolf Uecker hat die Rezepte überarbeitet und sie, wo es ohne Einbußen an Geschmack möglich war, leichter und kulinarischer gemacht.

DEUTSCHLAND DEINE KÜCHEN

360 Seiten
ca. 100 Illustrationen und
100 neue Farbfotos
Großformat: 30 x 23 cm
Hardcover, gebunden

DER BERÜHMTESTE KOCH DER WELT UND HEINZ WINKLER HABEN EIN MEISTERWERK GESCHAFFEN.

Getreu seiner Philosophie „Frische ist das beste Rezept“ präsentiert Paul Bocuse 60 ausgewählte Gerichte aus seinem reichhaltigen Repertoire.
Die Auswahl und Erarbeitung der Rezepte haben Paul Bocuse und Heinz Winkler (Bocuse-Schüler und heute 3-Sterne-Koch im Tantris/ München) gemeinsam entwikkelt.

PAUL BOCUSE · BON APPÉTIT

256 Seiten
200 Rezepte
400 Farbfotos
Großformat
Hardcover, gebunden

NIE ZUVIEL."

DER WELTERFOLG. JETZT MIT ÜBERARBEITETEM INHALT UND NEUER AUSSTATTUNG.

Das ist Kochenlernen mit Spaß und System. Mit neuen kulinarischen Rezepten und wichtigen Ratschlägen für ernährungsbewußtes Kochen. Ein Handbuch für Anfänger und Fortgeschrittene. Jetzt mit praxisgerechter Schutzfolie und Lesebändchen.

KOCHEN · DIE NEUE GROSSE SCHULE
296 Seiten, 2000 Rezeptideen
1000 Farbfotos
Großformat
Hardcover, gebunden

KOCHEN WIE DIE MEISTERKÖCHE IN DEUTSCHLAND

24 deutschen Meisterköchen können Sie jetzt auf Schaumlöffel und Buntmesser schauen. Spätestens nach den ersten Seiten werden Sie davon überzeugt sein, daß das Schlaraffenland mitten in Deutschland liegt.

ESSEN WIE GOTT IN DEUTSCHLAND, Band I
240 Seiten
120 Rezepte
320 Farbfotos
Hardcover, gebunden

Der zweite Band und die Fortsetzung der ZDF-Erfolgsserie ESSEN WIE GOTT IN DEUTSCHLAND zeigen, daß das Thema „Essen und Genießen" ein fester Bestandteil in Deutschlands Küchen geworden ist. Mit großem Ratgeberteil für Hobbyköche und Genießer.

ESSEN WIE GOTT IN DEUTSCHLAND, Band II
240 Seiten
120 Farbfotos,
Hardcover, gebunden